大震災と
メディア

東日本大震災の教訓

福田 充 編著

北樹出版

目　次

序章　東日本大震災の発生 …………………………………………… 6

第1章　東北の被災地におけるメディア ……………………………… 11
　　1.1　大津波警報の情報伝達とメディア（11）
　　1.2　避難行動の成功要因と阻害要因（15）
　　1.3　被災地の情報孤立とメディア（18）
　　1.4　東日本大震災における災害対策の反省点（24）

第2章　震災におけるメディア ………………………………………… 29
　　2.1　震災のテレビ報道（29）
　　2.2　広告とメディア・キャンペーン（42）
　　2.3　ソーシャル・メディアの活躍（54）

第3章　震災のための支援活動 ………………………………………… 60
　　3.1　震災後の意識・人間関係の変化（60）
　　3.2　チャリティ活動・募金（70）
　　3.3　節電・クールビズ（75）
　　3.4　ボランティア・被災地支援（82）

第4章　震災がもたらした負の側面……………………………………91
　4.1　買いだめ行動（91）
　4.2　自粛騒動・買い控え（97）
　4.3　うわさ・流言とメディア（104）
　4.4　福島第一原発事故と放射線ストレス（113）
　4.5　風評被害とメディア（126）

第5章　メディアが人々に与えた影響……………………………………133
　5.1　メディアによる生活行動の変化（133）
　5.2　メディアによる社会意識の変化（141）

終章　大震災で求められるメディアのあり方………………………151

あとがき（謝辞）（156）

注　釈（159）

参考文献（164）

索　引（175）

大震災とメディア
――東日本大震災の教訓――

序章
東日本大震災の発生

　2011年3月11日午後2時46分、東北地方三陸沖を震源としたマグニチュード9.0の規模の大地震が発生した。後に、東北地方太平洋沖地震と名づけられたこの地震は北海道から中部地方までの広範囲を揺らし、大津波を引き起こした。この津波によって、青森県から千葉県の太平洋沿岸地域を中心に、東北、関東地方の広範囲に甚大な被害が発生した。その中でも岩手県、福島県、宮城県、茨城県で発生した被害は甚大であった。この東日本大震災と呼ばれる日本の戦後最大規模の大震災は、大地震とそれによって発生した大津波、さらにそれらによって発生した福島第一原発事故による複合災害であった。他にも、この地震により液状化現象、地盤沈下、土砂崩れなどの災害や、コンビナート火災、火力発電所事故、ダム決壊などの事故や、大規模停電、通信回線の途絶、鉄道交通網の寸断などライフラインにも被害が出るなど、社会全体を巻き込んだ多様な被害が発生した。そして、この複合災害によって戦後最大規模となる犠牲者、避難生活者、帰宅困難者など多大な人的被害も発生している。この東日本大震災による死者は、震災発生から10ヶ月が経過した2012年1月27日の段階で1万5845人、行方不明者は3368人（警察庁発表）である。避難者数は震災発生後半年を経過した2011年9月22日の段階でも7万3249人と膨大な数にのぼり（政府発表）、学校などの指定避難所への避難生活は2011年10月の段階において宮城県で52ヶ所、福島県で5ヶ所と未だに避難生活が継続し、長期化している。被災者のための仮設住宅も岩手県で1万3984戸、宮城県で2万1854戸、福島県で1万1088戸が建設されているが未だに被災者全体に行き届いていない状況が続いている。

このように多様な複合災害によって甚大な被害をもたらした東日本大震災であったが、しかしながら、その震災における死者の約9割の死因が水死であって、犠牲者の多くは地震ではなく津波が原因であったことが明らかになっている。警察庁は震災発生後1ヶ月後の2011年4月11日までに犠牲者の検死結果を公表したが、当時の死者1万3135人のうち、92.5％（1万2143人）の死因が水死、4.4％（578人）が圧死、損傷死、1.1％（148人）が焼死という結果であった。そういう意味においては、この東日本大震災における人的被害は津波が主な原因であり、防災対策の問題、災害情報の問題も津波災害の問題を中心として考察する必要がある。これは戦後を代表する1995年の阪神淡路大震災とも異なる特徴を持つことがわかる。

　この東日本大震災において日本大学法学部福田充研究室として被災地調査を実施した。日本大学文理学部の中森広道研究室、東洋大学社会学部の中村功研究室との合同被災地調査である。震災発生後、2011年3月下旬に福島県、茨城県の被災地調査を実施し、4月上旬に岩手県、宮城県の被災地調査を実施した[1]。さらに、同年12月から中森研究室、中村研究室と合同で岩手県、宮城県の被災者を対象にしたアンケート調査を実施した[2]。これらの被災地調査から得られたインタビューや現地の状況、アンケート調査から得られた調査データから、東日本大震災における地震や津波の被害、そして大津波警報を聞いた被災者の避難行動について、避難所での被災地のメディア利用や情報ニーズについて、主に大震災の被災者にとってのメディアの問題を中心に1章で考察したい。

　またさらに、東日本大震災は直接の被災地となった東北や北関東以外にも、東京を中心にした関東圏でもさまざまな影響が発生した。さらに中部地方以西の人々にとっては、この大震災はメディアを通じて経験するメディア体験であった側面もある。ドゥダシク（1980）の分類によると、この大地震と大津波の被害を直接受けた東北や北関東における被災地の被災者を「1次被災者」と呼ぶことができるが、その周辺にいて間接的な被害を受けた東京を中心とした関東圏の住民を「近接被災者」と呼ぶことができる[3]。この被災地における1

次被災者の状況はメディアを通じて近接被災者や被災者でない日本人全体に大震災の被害状況やさまざまな問題を報道の形で提供されたのである。

　こうした戦後最大の複合災害に直面して、日本のメディア、マスコミはそれをどのように報じ、メディアに接することのできた近接被災者や、被災者ではない日本中の人々はそのメディア報道からどのような影響を受けたのだろうか。この大震災におけるメディアの関わりはそれだけに留まらない。大震災の被災地のために、政府や自治体だけでなく、私企業やメディアも立ち上がり、支援活動のためのメディア・キャンペーンを実施した。こうした、被災地支援のためのメディア・キャンペーンによって、人々はどのような影響を受け、どのように支援活動に参加したのだろうか。日本大学法学部の福田充研究室は、東日本大震災に関するメディア利用と支援行動についての調査研究を企画し、震災の被災者を支援する活動を担う役割を果たした首都東京の住民に対してアンケ

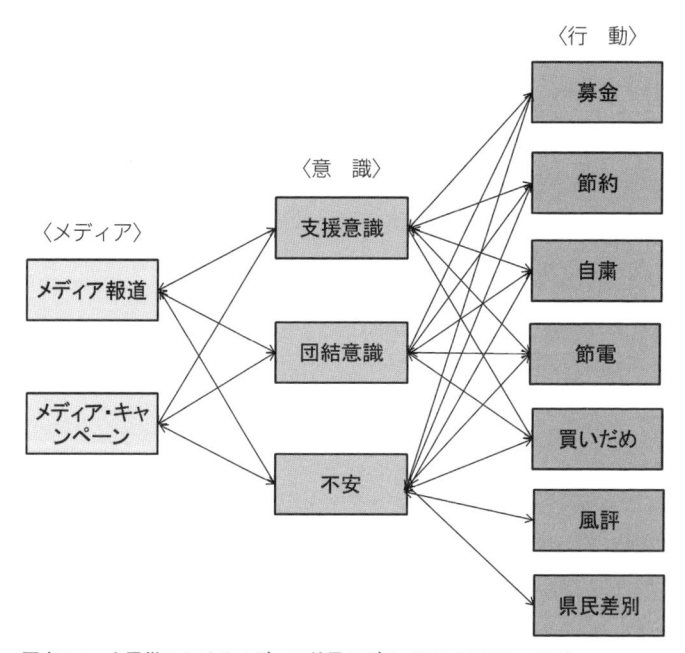

図表0.1　大震災におけるメディア効果モデル（福田充研究室，2011）

ート調査を実施した⁽⁴⁾。この東京都民は、被災地の支援を行った支援者であるだけでなく、被災地の周辺に位置する大震災における近接被災者でもある。福田充研究室が実施したアンケート調査が解明しようとした問題群の関係は、図表 0.1 のようなモデル図で示すことができる。

　東日本大震災において、テレビやラジオなどのメディアはどのような報道を行い、どのような問題が発生したのだろうか。また、被災地を支援するメディア・キャンペーンはどのように行われ、どのような効果、影響をもたらしたのだろうか。そして、人々がそうしたメディア報道やメディア・キャンペーンにどのように接触し、どのような影響を受けたか、本書の 2 章で考察を行いたい。

　また、こうしたメディア・キャンペーンは、人々の心に団結意識や支援意識を高めた可能性がある。大震災後、日本社会全体でさまざまなチャリティ活動や募金活動などの支援行動が発生した。また民間企業が行った物資の供給などの支援行動や個人によるボランティア活動なども発生し、その被災地支援は日本全体に広がった。こうした、東日本大震災における被災者のための支援行動の実態について、福田充研究室のアンケート調査結果などを紹介しながら 3 章で考察したい。

　そして、メディア報道はジャーナリズムの活動として人々に災害情報を伝えてその災害対策に貢献しただけではなく、オーディエンスに対して支援意識や団結意識をもたらした。しかしながらその反面、社会に不安感を発生させるなどの効果・影響を与えた可能性がある。震災後、日本社会で発生した買いだめや自粛騒動、またはうわさや流言から風評被害などメディア報道がもたらしたマイナスの側面について、福田充研究室のアンケート調査結果を紹介しながら、本書の 4 章で考察したい。

　このように、東日本大震災におけるメディア報道やメディア・キャンペーンは日本社会やそのオーディエンスに対して、支援行動や団結意識を発生させるプラスの効果から、買いだめ行動や風評被害を発生させるようなマイナスの効果まで幅広く影響をもたらした可能性がある。そのような大震災におけるメディアの影響力ははたして本当に存在したのか、福田充研究室で実施したアンケ

ート調査のデータをもとに多変量解析を行い、5章で検証したい。

　本研究が解明する理論仮説は次のようなモデルを検証することである。図表0.1 で示したように、東日本大震災におけるメディア報道やメディア・キャンペーンは、被災地に対する支援意識や団結意識を生み出し、その結果、日本社会で数多くのチャリティ活動や募金活動、節電、ボランティア活動などさまざまな支援行動に結びついた。その反面、メディア報道やメディア・キャンペーンによって社会不安が発生し、買いだめ行動や自粛騒動、風評被害などのマイナスの社会現象を引き起こした。このように大震災においてメディアが引き起こした社会現象を、プラスの側面とマイナスの側面の両方から検証するのが、本書の目的である。

1章
東北の被災地におけるメディア

1.1 大津波警報の情報伝達とメディア

　2011年3月11日午後2時46分の大地震発生3分後の2時49分、気象庁は大津波警報を発表した。そのときの警報では地震の規模はマグニチュード7.9で、岩手県で津波3メートル、宮城県で6メートル、福島県で3メートルという速報値による津波予測であった。結果論であるがこれは非常に低く予測された数値であり、この大津波警報が自治体やメディアに伝えられ、テレビやラジオ、インターネットなどのメディアを通じて東北の住民に第一報として伝えられた。また、自治体を通じて防災行政無線や広報車を通じて住民に伝えられた。しかしながら、実際の津波はその予測を大きく超え、地域によって波高10メートルを大きく超えて、最大遡上高40.5メートルという巨大津波として東北沿岸を襲った。地震発生後から約40分後、気象庁は衛星利用測位システム(GPS)波浪計などによる観測データによって、津波10メートルと修正して公表した。しかしながら、この大津波警報の変更、修正はほとんどの住民に伝わっていなかったことが内閣府調査などでも明らかになっている。多くの住民は大津波警報の第一報に接して、対応行動を決定し、行動に移したため、第二報に接しておらず、そのため低く見積もられた間違った津波予測によって態度を決定したことになる。

　地域防災計画において津波の想定が低く見積もられていたという「想定外」の問題と、大津波警報において津波の予測が低く見積もられたという「予測外」の問題の二重の失敗の構造がここにあった。

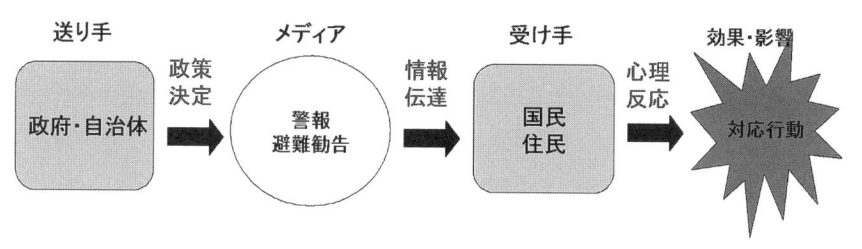

図表 1.1　災害発生時のクライシス・コミュニケーション・モデル (福田，2010)

　また、大地震発生により停電したため、地震後にテレビやパソコンは利用できず、また携帯電話も基地局が被災して通信回線が途絶したり、輻輳の回避のために通信規制が実施されたため携帯電話やスマートフォンも利用することができなくなった。さらに、行政からの災害情報が発信される防災行政無線も、屋外スピーカーが地震によって故障したり、放送が聞こえにくい状況が発生したりしたことによって、この大津波警報自体がメディアによって住民に伝わりにくかった状況が発生した。つまり、津波予測が低く見積もられるという大津波警報の災害情報としての内容面（ソフト）でのミスと、停電によるテレビや携帯電話などのメディア、事故による防災行政無線の不通による物理的なハード面でのトラブルの二重の問題が発生したことがわかる。これは、災害発生後の事後的なクライシス・コミュニケーションの問題である（福田，2010）[5]。

　災害発生時のクライシス・コミュニケーションは、図表1.1のようにメディアを媒介したコミュニケーション過程を経る。

　ここで、福田（2012）がまとめ、報告している、今回の東日本大震災で福田研究室が実施した被災地調査の結果やインタビューした被災者の事例を紹介したい。岩手、宮城、福島の各地の被災地をめぐり、各地の避難所を訪問して、避難生活を送っている被災者の方々から聞いた貴重な体験談である。

　宮城県石巻市の70代男性A氏は、地震発生後、自宅から外に出たが防災行政無線の大津波警報を聞いていない。裏の家の知人の「津波が来るから逃げろ」という言葉で、近くの幼稚園に歩いて避難、その幼稚園が低地で危険なため、さらに遠くの小学校へ避難し、そこで津波が襲ってきたという。メディアや防

災行政無線からではなく知人から間接的に警報の情報を知ったパターンである[6]。

　同じく石巻市の60代男性B氏は、自宅で地震に遭い、ラジオをつけたところその放送で大津波警報を知り「宮城に6メートルの津波が来る」と聴き、夫婦で歩いて避難している。1960年のチリ地震津波を経験しており、昨年のチリ地震津波も経験したが、そのときはテレビ報道に注意しながら避難はしなかった。しかし、今回の地震ですぐに避難したのは、大津波警報の情報だけでなく、揺れの大きさから、津波が来ることを自分で判断した結果だったという。このように、自治体やメディアからの警報を実際に聞いて災害情報を得ることと、過去の災害に関する自己の経験を結びつけて総合的に判断するのが、合理的な意志決定の過程である。その結果、この夫婦は津波からの避難に成功し、生存している（福田, 2012）。

　福島県いわき市の70代男性C氏は、自宅で地震に遭い、津波が来ると判断したため自宅近くの高台に避難しようとしたが、途中で津波に遭い、ガソリンスタンドに積み上げられたタイヤの山に登りしがみつき、難を逃れた。その後

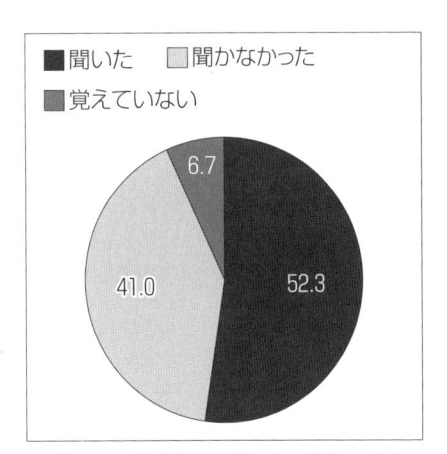

図表1.2　大津波警報を聞いたかどうか（%）

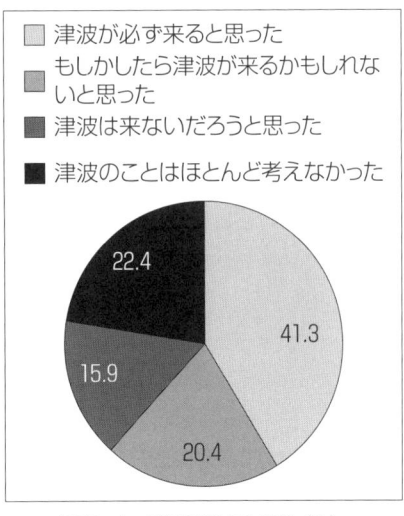

- 聞いた 52.3
- 聞かなかった 41.0
- 覚えていない 6.7

図表1.3　津波に対する意識（%）

- 津波が必ず来ると思った 41.3
- もしかしたら津波が来るかもしれないと思った 20.4
- 津波は来ないだろうと思った 15.9
- 津波のことはほとんど考えなかった 22.4

（中森・中村・福田, 2011）N = 642

自力で山の上のカントリークラブまで歩いて避難している。ラジオも聞いていない、防災行政無線も聞いていない状況での、自己判断によるものであった。チリ地震津波のときには鳴っていた防災行政無線が今回全く聞こえなかったため、大津波警報もサイレンの音も何も聞こえず、避難が遅れたと批判している[7]。

中森・中村・福田調査（2011）によると、地震直後に大津波警報を聞いた被災者は52.3％で、41％の回答者が大津波警報を聞いていないと回答している（図表1.2参照）。津波から助かった生存者を対象とした調査であってもこの数字である。死者も含めて津波の被害にあった人全体で見たときに、どれくらいの住民に大津波警報が伝わっていたか、厳しい現実がある。さらに、地震直後に津波が来ると思ったかどうかその態度について質問したところ、図表1.3のように「津波は来ないだろうと思った」人が15.9％、「津波のことはほとんど考えなかった」人が22.4％もいたことが明らかになった。つまり、津波に対する住民の避難行動を引き出すための大津波警報への接触は比較的低く、さらに津波が発生することの可能性、蓋然性の認知が低かったことが明らかとなった。そ

メディア	％
民放テレビから	6.5
NHKテレビから	5.4
民放ラジオから	16.7
NHKラジオから	7.4
防災無線の戸別受信機から	11.0
防災無線の屋外拡声器から	50.9
携帯電話のメールから	2.4
インターネット・WEBから	1.5
市町村の広報車から	6.0
家族や近所の人から	2.7
警察・消防の人から	5.4
その他	2.7

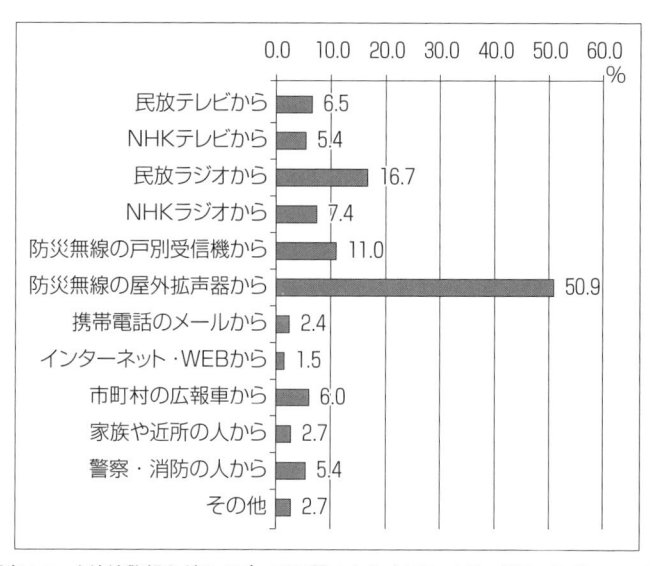

図表 1.4　大津波警報をどのメディアで聞いたか（中森・中村・福田，2011）N = 333

の原因は、住民に大津波警報を伝えるためのテレビやパソコン、携帯電話が停電や通信規制で使用不能になり、また自治体による防災行政無線が地震の被害により故障したり、放送されても聞こえない住民が大量に存在したことにあると考えられる。

それでは、被災者は大津波警報をどのメディアから入手したのだろうか。図表1.4のようにもっとも多かったのは防災無線の屋外拡声器（屋外スピーカー）からという回答の50.9％であった。防災無線の戸別受信機（屋内受信機）からという回答の11％を加えると、約6割の被災者が大津波警報を防災行政無線から得たことがわかる。続いて多かったのは、民放ラジオからの16.7％で、NHKラジオからの7.4％を加えると、ラジオから大津波警報を聞いた被災者は約2割いることが明らかとなった。その反面、大地震により停電したため見られなかったテレビから大津波警報を入手した被災者は少なく（「民放テレビから」6.5％、「NHKテレビから」5.4％）、輻輳回避のための通信規制や基地局の故障によって利用できなかった携帯電話やインターネットから大津波警報を入手した被災者も非常に少ないことがわかった（「携帯電話のメールから」2.4％、「インターネット・WEBから」1.5％）。

1.2　避難行動の成功要因と阻害要因

津波における避難行動において重要な要素は、①時間的切迫性の認知、②発生可能性の認知、③情報量、④知識・経験の4要素である。津波は発生前に予測がある程度可能で、さらに到達前にその発生が認知でき、事前に避難行動を起こし、完了したときに被害から逃れることができる自然災害である。被害が発生する事前に行動を起こす必要があり、その被害発生までには時間の猶予があまりない、①時間的切迫性が高い災害である。そして、②津波が来るという可能性に対する認知が高くないと避難行動に結びつきにくい特徴がある。また津波の規模がどの程度で、どれくらいで到達するかという津波警報、災害情報による③情報量が多いほど、避難行動に結びつきやすく、④それらの要素を総

合的に認知し、判断するだけの津波に対する知識や経験が必要になる。この4要素が避難への意志決定において正しく機能したとき、避難行動が成功する可能性は高まると考えられる。

しかしながら、今回の津波では、住民に対するクライシス・コミュニケーションのレベルで情報伝達に失敗した点が多く見られる。そして、適切な避難行動に結びつかなかった結果、大量の犠牲者が発生することとなった。先ほど紹介した被災者インタビューの事例は、地震と津波に対する意識が高く、避難に成功したため生き残ることができた生存者の体験談である。実際に、上記の石巻市やいわき市での被災者インタビューでも、避難に間に合わず亡くなった多くの事例について聞き取ることができた。地震が発生した後も、自営業の食品店で客の対応をしていたため逃げ遅れて死亡した店主、車で避難しようとして渋滞に巻き込まれ、車ごと津波に流されて死亡したケース、飼っているペットを助けに行こうとして逃げ遅れた主婦の事例、自宅のシャッターだけ閉めて家に閉じこもり、避難しなかったために死亡した家族など、津波の避難に失敗した大量の事例が今回の震災では発生した。そうした避難しなかった人々、避難に失敗した事例に共通する問題がある。それは、津波に対するさまざまな避難の阻害要因である。阻害要因には、①心理的阻害要因、②社会的阻害要因、③物理的阻害要因の3種類がある。

まず、①心理的阻害要因について考察すると、これには@正常化の偏見、⑥未経験・無知、©経験の逆機能の3種類がある。日本や海外での災害研究でも災害時において危機が迫った住民がなかなか避難しないという問題が明らかになっており、これは被災者の心理に発生する「正常化の偏見」(normalcy bias) という現象である (ターナー, 1976)。実際に災害が発生した段階でも、「ここには大きな被害は発生しないだろう」とか、「自分だけは助かって大丈夫だろう」と住民が思い込もうとする自己防衛的心理によるものである。災害によって危機が自己に迫っていても、普段の判断枠組みの中で解釈、判断しようとし、危険が迫っている客観的事実を認めようとしない心理的態度のことで、その結果、災害時にも避難行動をとらない住民が発生する。これまでも、廣井ら

(2005) の新潟・福島豪雨水害調査など数多くの調査において、被災者の意識に正常化の偏見が検証されている。

　これ以外にも、その災害に対して「今まで経験したことがない」とか、「知らなかった」という理由から避難行動をとることができない「未経験・無知」という要因がある。また、反対にそれまで同じような災害体験を持ち、知識も持っているが、「今までの津波は1時間くらいで来た」とか、「ここに来る津波はいつも1メートルくらいだ」といった偏った個人的経験だけで、新しい災害をとらえようとし、これまでと全く同じ対応行動をとろうとする「経験の逆機能」という現象も存在する。これはときに間違った対応行動につながることがある。津波は地震の大きさによって、震源の深さによって大きさが異なり、また津波は震源地との距離によって何分で陸地に到着するかわからない。今回は20分前後で津波が到達した地域もあり、こうした偏った経験、知識で避難行動が遅れたりすることで命を失うことがあることを忘れてはいけない。

　避難行動を阻害する2つ目の要因に社会的阻害要因がある。これは津波のときにも発生する。岩手県大槌町の大槌高校の男子生徒は、地震後自宅から避難所へ避難したものの、自宅に残っている祖母を助けるために自宅へ戻り、そこで祖母と一緒に津波に流されて死亡している。その春卒業して警察官になることが決まっていた生徒で、その家族思い、正義感があだになった痛ましい事例である[8]。このように地震によって津波が発生した場合、自宅に残された家族や、学校、職場にいる家族がそろうのを待ってから避難したり、迎えに行ってから避難したりするような行動が発生するが、そうした行動の結果、避難が遅くなり、津波に巻き込まれて死亡することが多い。そのようなケースをなくすため、津波が発生したら、家族はバラバラに自力で避難する「津波てんでんこ」という知恵、教訓が東北にはある。つまり、社会関係上、家族や親族が離れた場所にいる場合に、その家族を探してから避難しようとしたり、連絡を取ろうとしたり、遠くまで迎えに行こうとするようなケース、または職場において同僚や顧客の安全を確保しようとして自分の避難が遅れてしまうようなケースにあてはまるのが、②社会的阻害要因である。

避難したくても自力で動くことができないような高齢者、障害者、病人、幼児などが災害弱者と呼ばれることがあるが、こうした人々が災害時に自力で避難することができず、犠牲になることが多い。また、自宅が全壊して閉じ込められたり、または家の前の道路が災害で寸断されたりすることにより孤立し、避難場所に到達できないような状況も発生し得る。このように、物理的に自力で避難することが困難な状況による要因を、③物理的阻害要因と呼ぶことができる。今回の東日本大震災でも、独居老人が避難できず犠牲になったケースは非常に多く、こうした災害弱者に対する避難行動の対策が必要である。また避難するための避難所への距離や、避難経路に問題があり、地震によって避難経路が崩れたり、建物の崩壊で避難路が塞がったりしたために避難所に素早くたどりつけなかったケースは数多く発生している。実際の地震や津波、洪水や土砂災害に即した、避難所の設置、安全な避難経路の確保が不可欠である。

　これらの阻害要因を克服することが、災害時の避難行動に求められる。特に、①心理的阻害要因はメディアを通じた警報メッセージの内容によって、住民への社会教育によって克服することが可能であり、さらに②社会的阻害要因も、防災体制の見直しや社会教育によって克服することが可能である。こうした警報と避難行動の問題の側面から、ミレッティとソレンセン（1987）は、効果的警報の原則を提示している。人々が効果的に避難行動を実行するためには、警報メッセージが明確で正確であること、人々がとるべき対応行動が具体的に明示されていること、メッセージが繰り返し発信されること、複数のメディア、チャンネルでメッセージを伝えること、などである。災害時の住民の避難行動をより適切なものにするためには、避難行動のための警報メッセージの作成、警報メディアの頑健性の向上などクライシス・コミュニケーションの体制強化が必要である。

1.3　被災地の情報孤立とメディア〜ラジオと新聞の活躍

　東北各地では、この地震直後に停電が発生した。それによって自宅にある家

電製品が使用不能となり、テレビやパソコンを使用することができなくなった。現代において通信ライフラインの中心となっているのが携帯電話やスマートフォンである。これらのモバイル・メディアによって現代の通信環境は格段に進化しているが、災害時の被災地内ではその役割を十分に果たすことは困難であることが、今回の震災でも明らかとなった。地震被害による停電で、被災地の携帯電話基地局の多くが全滅し、停電地域では携帯電話は使用不能になった。また、被災地内外を問わず、輻輳回避のため実施される通信規制により、電話やメールはつながりにくくなった。そのような災害時の停電対策として、NTTドコモは非常用バッテリーを3時間から24時間へ増強する対策をとり、auは太陽光発電基地局を設置して、ソフトバンクは移動中継基地局を15台から100台へ増強するなどの対策を打ち出している。通信メディアは災害時にも重要な情報ライフラインであり、被災による停電や通信回線の何重ものバックアップ体制が必要である。

　一方で、停電がなく携帯電話が使用できた地域では、インターネットやメールが比較的使用しやすい状況があり、特にTwitter(ツイッター)やFacebook(フェイスブック)を中心とするSNS（ソーシャル・ネットワーキング・サービス）が連絡手段や情報共有に役立った。災害時におけるインターネットの利用が注目されたのは95年の阪神淡路大震災からであり（福田，1996）、自治体や企業、NPOやボランティア活動が災害支援にインターネットを活用するようになった（川上ら，1995）。被災してパソコンなど情報通信環境が使用不能になった自治体や避難所に対して、日本マイクロソフトがコンピュータのハードやソフトの支援を行ったり[9]、グーグル社が被災者の安否情報の共有のために避難所名簿共有サービスのグーグル・パーソン・ファインダー（Google Person Finder）を開始したり、パソコンやインターネットによる災害支援はさらに発展を遂げた。しかしながらその反面で、Twitterなどのソーシャル・メディアにおいて震災に関する流言飛語が広がり利用者を混乱させる現象も発生するなど、問題も残った。

　停電のため被災地の避難所では、テレビも見られず、携帯電話やインターネ

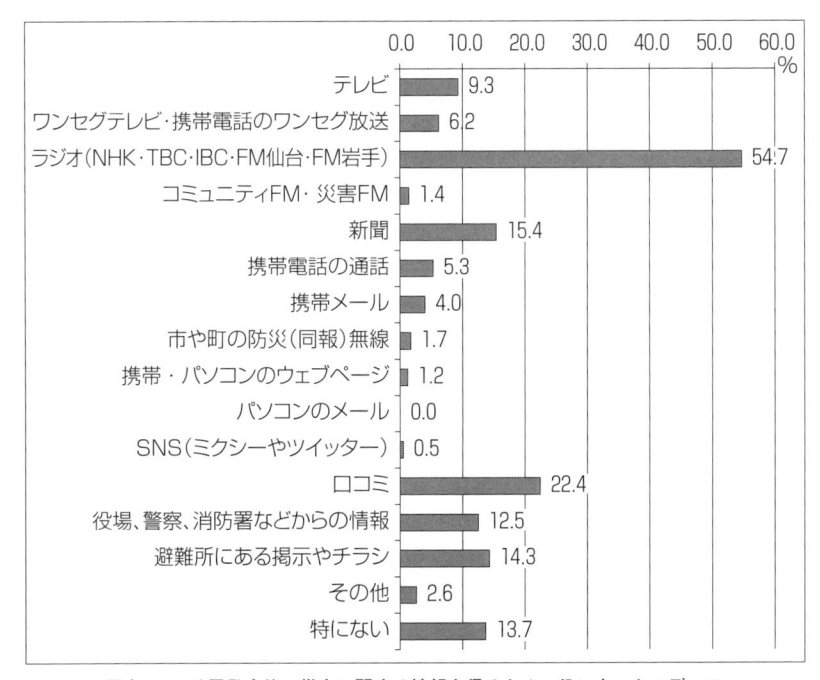

1章　東北の被災地におけるメディア

メディア	%
テレビ	9.3
ワンセグテレビ・携帯電話のワンセグ放送	6.2
ラジオ(NHK・TBC・IBC・FM仙台・FM岩手)	54.7
コミュニティFM・災害FM	1.4
新聞	15.4
携帯電話の通話	5.3
携帯メール	4.0
市や町の防災(同報)無線	1.7
携帯・パソコンのウェブページ	1.2
パソコンのメール	0.0
SNS(ミクシーやツイッター)	0.5
口コミ	22.4
役場、警察、消防署などからの情報	12.5
避難所にある掲示やチラシ	14.3
その他	2.6
特にない	13.7

図表1.5　地震発生後、災害に関する情報を得るために役に立ったメディア
（中森・中村・福田, 2011）　N = 642

ットも使えない状況が続いた中でも活躍したのが、電気がなくても利用できるラジオと新聞、とりわけ、地域に密着した取材や報道ができる地方紙や地方ラジオ局であった。中森・中村・福田（2011）による被災者アンケート調査の結果を見ても、図表1.5のように、被災者が地震後の避難生活において災害に関する情報を得るのにもっとも役立ったメディアはラジオ（54.7％）であることがわかった。また、電気が必要のないアナログのメディアである新聞も15.4％の被災者が役立ったと回答している。その他にも避難生活で役立ったのは、避難所で提供される「避難所にある掲示やチラシ」（14.3％）、「役場、警察、消防署からの情報」（12.5％）、「口コミ」（22.4％）など、電気やコンピュータに依存しないアナログなメディアであることがわかる。

　福田充研究室による被災地調査でも、東北各地の避難所の学校や公民館に

1.3 被災地の情報孤立とメディア〜ラジオと新聞の活躍

写真1　宮城県石巻市の体育館避難所　　写真2　福島県いわき市の体育館避難所

　は、地元の地方紙が束になって無料で届けられていた（写真1・2参照）。それを各自手にとって避難所で読む被災者の姿が多く見られた。岩手では岩手日報、宮城では河北新報、福島では福島民報などを中心に地方紙がその重要な役割を果たした。これらの地方紙は連日、東日本大震災関連の報道を中心に報道し、被災者の生活に密着した生活情報や、被災者の安否情報などを報道し続けた。たとえば、岩手日報は5万人に及ぶ避難者の名簿を取材により作成し、紙面掲載した。安否情報の掲載には個人情報の問題などもありマスメディアには扱いが難しい側面があるが、敢えて掲載することにより、避難所で新聞紙しか読むことができない被災者に対して非常に貴重な安否情報を届けることに成功した。こうした取材活動が評価され、平成23年度の日本新聞協会の新聞協会賞を受賞した。河北新報や石巻日日新聞も、その災害報道が評価され、平成23年度の新聞協会賞や菊池寛賞を受賞している。地域に密着した地元紙の活動の意義が再評価される機会となった。

　地方紙と同じく被災地で活躍したメディアがラジオである。停電しても被災地では乾電池があればラジオを聞くことができる。持ち出しが容易なラジオは昔から災害情報、災害報道の中心的役割を果たしてきた。東日本大震災全体の被害、政府発表、災害対策などについての報道ではNHKラジオがよく聴かれ、災害情報を中心にかつ音楽や娯楽が必要な場合にはTBSラジオなど民放ラジオが聴かれた。被災地調査で訪問したいくつかの避難所でも体育館全体で

BGMにラジオ放送が流されているところがいくつもあった。またこの震災では、地域に密着した情報を発信するコミュニティFMの活躍も注目された。コミュニティFMが震災で活用できる事例を示したのもやはり95年の阪神淡路大震災であった。

　民放ラジオでは、IBC岩手放送が地震発生から24時間体制の震災特別番組を5日間にわたって放送した。ネット展開をしながら、聴取者から寄せられた被災者の安否情報を放送し、被災者からの好評を得たという。また、東北放送も被災したためバックアップの自社発電と非常用送信機で放送を続けた。震災後、Ustreamやニコニコ生放送で同時配信し、同社ウェブサイトで被災者のビデオメッセージを掲載するなど、ネット展開に力を入れた。ラジオ福島は24時間体制の震災情報特番を3月下旬まで続け、ラジオNIKKEIはその支援のため、ラジオ福島の震災情報特番を同時放送し、『rfcラジオ福島発～がんばろう東北・がんばろう日本』を1日約30分～1時間、3月末までオンエアした（NHK出版，2011）。

　東日本大震災の発生後、被災した宮城県石巻市のラジオ石巻や、仙台市若林区の仙台シティエフエム・ラジオ3、福島県いわき市のいわき市民コミュニティ放送は地震や津波の被害や停電の影響を受けながらも放送を続行、再開して、被災者に被害情報や安否情報、被災者の生活に密着した生活情報やライフライン情報、交通情報などを提供して評価された。また、震災後に設置されたコミュニティFMの臨時災害放送局も数多く登場した。たとえば、FM One（岩手県花巻市）は地震発生直後から、奥州エフエム（岩手県奥州市）は翌12日からなど、素早く立ち上げられ、被災者に情報を伝えた。他にも、みやこさいがいエフエム（岩手県宮古市）や、おおふなとさいがいエフエム（岩手県大船渡市）、IBC山田災害臨時ラジオ（岩手県山田町）、けせんぬまさいがいエフエム（宮城県気仙沼市）など、震災後の被災者に情報提供するために自治体やNPOなどがコミュニティFMを臨時に立ち上げて災害情報の提供に活躍した。東北・関東7県の31局が災害放送を行った。

　こうした震災時の被災地の災害情報の提供には、被災者の視点の情報ニーズ

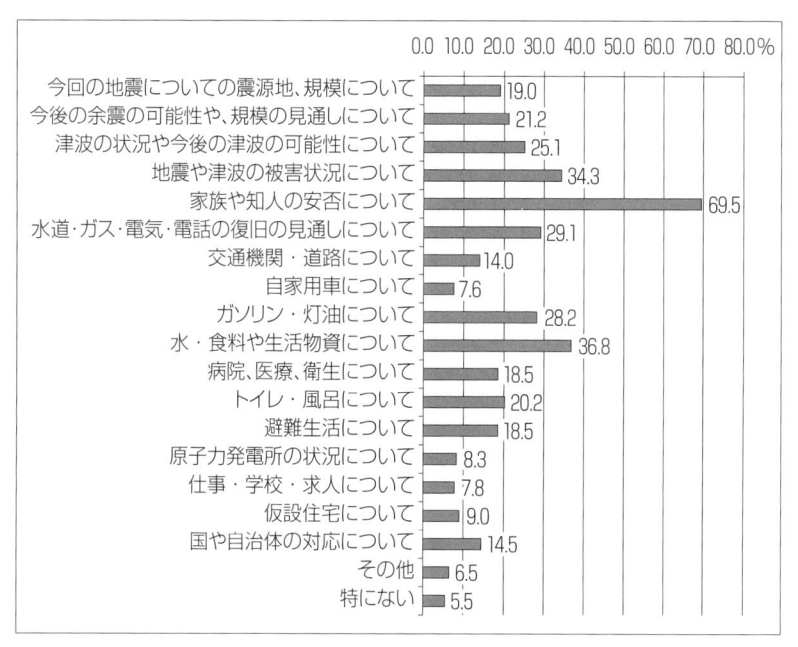

1.3 被災地の情報孤立とメディア〜ラジオと新聞の活躍　23

項目	%
今回の地震についての震源地、規模について	19.0
今後の余震の可能性や、規模の見通しについて	21.2
津波の状況や今後の津波の可能性について	25.1
地震や津波の被害状況について	34.3
家族や知人の安否について	69.5
水道・ガス・電気・電話の復旧の見通しについて	29.1
交通機関・道路について	14.0
自家用車について	7.6
ガソリン・灯油について	28.2
水・食料や生活物資について	36.8
病院、医療、衛生について	18.5
トイレ・風呂について	20.2
避難生活について	18.5
原子力発電所の状況について	8.3
仕事・学校・求人について	7.8
仮設住宅について	9.0
国や自治体の対応について	14.5
その他	6.5
特にない	5.5

図表 1.6　避難生活で知りたかった情報（中森・中村・福田, 2011）　N = 642

の把握が重要である。被災者が現在必要としている情報は何か、そのニーズを把握してタイムリーに提供することが必要になる。この東日本大震災において被災者が求めていた情報はどのようなものだったか、中森・中村・福田（2011）の調査が明らかにしている（図表1.6参照）。その中でもっともニーズが高かったものは、家族や知人の安否情報（69.5％）だったことがわかる。また水・食料や生活物資に関する情報が36.8％、地震や津波の被害状況に関する情報が34.3％、水道・ガス・電気・電話の復旧の見通しに関するライフライン情報が29.1％などと続いている。

　こうした情報ニーズは災害時において時間経過によって変化することが明らかになっている。災害初期にニーズが高いのは被害情報、安否情報で、その後、復旧期に入るにつれてライフライン情報、交通情報へのニーズが高くなり、復旧期から復興期にかけて生活情報、ボランティア情報が高くなってくる傾向が

ある（福田, 1996）。政府や自治体、メディアはこうした傾向に対応した災害情報の提供、発信が必要である。

被災者の情報ニーズでもっとも高い傾向を示したのが安否情報であるが、被災地調査で訪問した自治体の災害対策本部の中では、福島県いわき市の災害対策本部が、消防本部4階会議室に安否情報確認センターを設置し、いわき市内の避難所の名簿をパソコンに入力しデータベース化して、安否情報の問い合わせに対応していた。毎日被災者に関する問い合わせが200〜300件あり、検索して被災者の安否や居場所について情報提供を行った[10]。この他にも安否情報システムとして重要なのは、NTTが提供する災害用伝言ダイヤル171や、携帯電話やネットに対応している災害用伝言板などのサービスである。また、この震災では、先述したグーグル社のグーグル・パーソン・ファインダーなども登場し、安否確認に利用された。

1.4 東日本大震災における災害対策の反省点

日本の津波防災対策が根本的に遅れていたことは、すでに廣井ら（2005）においても指摘されていた。2004年の日本の沿岸部自治体420ヶ所を対象にした郵送法調査から得られた調査結果により、総合的な防災対策の中で津波対策が独立して強化されていない状況が明らかとなった[11]。日本の沿岸部自治体の地域防災計画の中で、少しでも津波対策がなされている自治体は88.9％と多かったが、その地域防災計画の中で津波について扱った章が存在する自治体は67.4％、さらに地域防災計画の中に津波防災対策編がある自治体は16.5％、地域防災計画とは別に、津波防災専用の計画がある自治体はわずか2.2％、津波防災マニュアルがある自治体は4.8％にすぎないことが判明した（福田, 2005）。専任の防災担当者がいる自治体は31.3％、津波専用の防災訓練を1年に1回以上実施している自治体は55.4％、職員に対する災害対策の研修を定期的に実施している自治体は7.7％しか存在しなかった。このように津波に対する防災体制があまり整っていない状況で東北地方の自治体を襲ったのが今回の

東日本大震災であった。

　東日本大震災は被害が甚大であったため、多くの非常事態が発生したが、その中で特徴的であったのは、災害対策を行うはずの対策本部となる自治体の役所が被災したことである。この問題は、2004年の新潟県中越地震でも発生し、震度7を記録した川口町役場が被災して災害対策に遅れが発生した（廣井ら，2005）。東日本大震災において、岩手県大槌町では町役場が津波によって流され、加藤宏暉町長が亡くなっている（写真3参照）[12]。職員の約2割が死亡、行方不明となり、災害対策本部として機能しない状態が発生した。大槌町は震災後に中央公民館の一部に災害対策本部を移動し、そこで自治体機能、災害対策機能を維持せざるを得なかった。同じく津波により甚大な被害が発生した岩手県陸前高田市の市役所も津波によって被災し、災害対策本部の機能を果たすことができなかった（写真4参照）。陸前高田市では沿岸部の市街地ほぼ全域が津波で被災している。また、宮城県南三陸町で防災放送担当の女性職員は、3階建ての防災対策庁舎の2階で津波警報の放送中に被災し、津波で流されて行方不明となった。防災行政無線で大津波警報を町民に伝えるため、庁舎に残って「6メートルの津波が来ます。避難してください」という放送を続けた。その結果、防災対策庁舎を襲った津波により、庁舎に残った職員の30人のうち20人が死亡、行方不明となった。マグニチュード9.0の地震とそれによる巨大津波の発生によって、沿岸部の街や村が丸ごと飲み込まれるような今回の災害

　　写真3　被災した岩手県大槌町役場 　　　写真4　被災した岩手県陸前高田市役所周辺地域

においては、その防災対策の拠点であるべき災害対策本部の役場といえども、その被害を免れることはできなかったのである。

　これは都市計画、街づくり全体に関わる根本的問題である。この問題を解決するためには、復興において新しい街を全体で高台移転するか、さらに堤防を高く、強度を上げることを含めた総合的な防災対策の見直しの中で解決せねばならない。

　東日本大震災をうけて、現在、津波想定から災害対策本部まで地域防災計画の根本的な見直しが実施されているが、今回の震災で問題となったのは地域防災計画や自治体の災害対策本部の被災だけではない。計画で設置された避難所そのものが津波によって被災した事例が数多く発生した。被災地調査でインタビューした岩手県大槌町の80代の男性D氏は、地震後に昔からの避難所であった江岸寺に避難したが、大津波警報で大きめな津波が来る可能性があるため、さらに上に上がれという指示で、さらに高台の上に避難し、難を逃れている。実際にその江岸寺は津波の被害を受け、多くの犠牲者が発生した[13]。1次避難をした避難所が津波の危険があるため、さらに安全な場所へ2次避難し、さらに避難生活が長期化するために、施設の大きい避難所へ3次避難するという現象が今回の大震災で発生した。つまり、津波被害の想定が甘かったため、指定されている避難所そのものが津波被害を受ける地域に設置されていたという問題であり、津波が発生しても津波が到達しない場所に新しい避難所を設置するなど、避難所指定の全国的見直しが必要となっている。また、1次避難から2次避難、3次避難という多段階の避難を想定し計画の中に盛り込む必要がある。

　こうした新しい地域防災計画に基づいて避難所と避難経路を盛り込んだ新しいハザードマップの作成が求められる。東日本大震災では、宮城県、福島県の自治体の多くの津波ハザードマップは過小評価だったため、想定を超える地域まで津波が到達した。ハザードマップはそれぞれの自治体の地域防災計画の中で、地震や津波、洪水や土砂災害など地域特性に対応した多様なものが作成されていて、対策は進められつつあるが、そのハザードマップにもまだまだ多くの問題が残っている。多くの自治体がハザードマップを作成しているがそれを

住民に配付しても、それをきちんと読んで理解している住民は非常に少ないという問題点がある。今回の被災地調査でも被災者のインタビューで、多くの被災者が自治体から配付された津波のハザードマップを見た経験がないか、見た人でも一度見ただけでどこかにしまってしまい、内容を覚えていない人がほとんどであった。つまり、ハザードマップは作成して配付するだけでは意味がなく、それを住民に対する防災教育によって理解させ、避難場所の認知や定期的な避難訓練と結びつけることによって、生活の一部として根づかせる対策をとらないと意味がないということである。ハザードマップは、防災の社会教育で有効なメディアであり、重要なリスク・コミュニケーションの手段である。さまざまなメディアを活用して大震災にそなえた防災の社会教育が実施される必要がある（福田，2004）。

　以上考察してきたように、この東日本大震災では、災害対策、危機管理のために必要な情報伝達、コミュニケーションのあらゆるレベルで問題が発生した。この東日本大震災を経験して、被災地調査を実施し、政府や官庁、民間企業へのヒアリング調査を行って見えてきた問題点を整理し、今後の災害対策のための具体的な提言をここで行いたい。

　まず提言の1点目は、危機事態から国民を守る情報メディア・システムの強化、再構築である。災害でダウンしない防災行政無線、空振りしない緊急地震速報、切断されない通信網、ネット安否情報システムの構築から、被災地で有効なコミュニティFMや地方紙を支援する仕組みまで、災害に強いメディア・システムを構築する必要がある。

　2点目は、日本社会全体の防災リテラシー、クライシス・リテラシーの強化である。学校や地域で災害や危機に対する社会教育をより充実させる。自治体と連携して、より現実的なハザードマップの作成、避難所・避難経路の見直し、避難訓練の強化など、防災リテラシーを強化するためのソフトを充実させることが重要である。

　3点目は、リスク・コミュニケーション、クライシス・コミュニケーションの構築と政府の情報管理、情報公開の徹底である。危機事態における政府の情

報収集能力を高め、自治体や関係機関との双方向的コミュニケーションを強化し、その元でオーソライズした情報を社会に積極的に情報公開する方策を構築しなければならない。

　こうした努力を地震や津波、洪水などの自然災害だけでなく、原発事故や鉄道事故などの大規模事故、さらにはテロや周辺有事などに幅広く対応するオールハザード・アプローチで構築する努力が今後ますます重要になるだろう。巨大災害が発生する度に、政府の危機管理能力の弱さが指摘され、そのために多くの国民の生命や財産が失われることを、これ以上繰り返してはならない。東日本大震災から学ぶべき最大の教訓は、これ以上、同じ失敗を繰り返してはいけない、ということである。

2章
震災におけるメディア

2.1 震災のテレビ報道

　人は、東日本大震災のような大災害が発生したとき、メディアが流す情報を見て自分自身に起こった状況を確認・把握しようとする。大災害にまきこまれた人は、テレビやラジオ、携帯電話、パソコン等を使って情報収集し、状況の定義を行う。東日本大震災後、人々はさまざまなメディアをどれくらい利用していたのだろうか。福田充研究室で行った震災後のメディア接触に関する調査では、テレビの利用時間が168.1分ともっとも長く、ラジオが51.0分と続き、新聞が28.6分、書籍が17.0分、雑誌が8.8分という結果が得られた。パソコンが62.5分（うちインターネット利用が37.0分）、携帯電話が36.0分（うちインターネット利用が20.7分）という結果となった（図表2.1参照）。

　人々は1日の中の非常に長い時間をメディア利用に費やしていることがわかる。特にテレビやラジオ、新聞などのマスメディアや、パソコンや携帯電話などのコミュニケーション・ツールの利用時間は長く、大震災においてもテレビやラジオなどの放送メディアに対して人々が依存している状況が見てとれる。大震災においてテレビやラジオなどの放送メディアが果たす役割は大きいのである。テレビは、その報道が流す情報によって国民が安心したり、逆に不安を感じたりする影響力の強いメディアである可能性がある。この節では、東日本大震災におけるテレビやラジオの報道の実態について考察する。

30　2章　震災におけるメディア

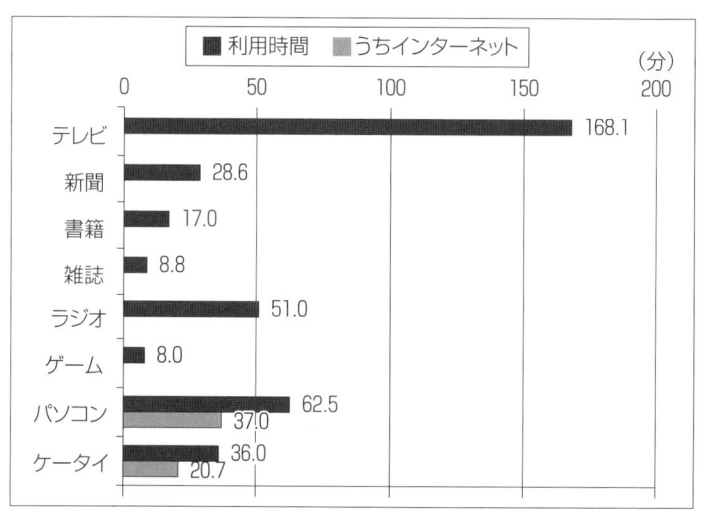

	利用時間	うちインターネット
テレビ	168.1	
新聞	28.6	
書籍	17.0	
雑誌	8.8	
ラジオ	51.0	
ゲーム	8.0	
パソコン	62.5	37.0
ケータイ	36.0	20.7

図表 2.1　震災後の一日あたりのメディア利用時間（福田充研究室, 2011）　N = 404

2.1.1　東日本大震災のテレビ報道

　本震の大きな揺れが始まる直前、NHK 総合テレビでは国会中継が放送されていた。その中継中に緊急地震速報のアラーム音とテロップ「宮城県沖で強い地震」が流れたのが、この東日本大震災のテレビ報道の始まりであった。午後 2 時 46 分の地震発生後、ニュース速報のテロップで地震速報が入り、約 2 分後に国会中継からスタジオでの地震報道体制へ移った。その後、気象庁から大津波警報が発表され、NHK は大津波警報を伝えるとともに、津波からの避難を呼びかけた（NHK 放送文化研究所, 2011）。民放テレビ各局も地震発生直後から震災のテレビ報道を開始した。日本テレビ放送網の「情報ライブ・ミヤネ屋」は讀賣テレビからの生放送であるが、東京都知事会見の中継先から地震発生の一報が伝えられた。東京放送（TBS）とフジテレビジョン、テレビ朝日は昼のドラマ放送中であったため、地震速報をテロップで流し、地震直後には報道センターやスタジオからの地震報道体制に移行した。テレビ東京も同様の対応をしている。このように、地上波テレビ各局が、地震発生と同時に番組を震災報

道に切り替え、特別番組の態勢へ移行した。

その後、大津波が東北の沿岸部を襲い、その津波の光景がテレビカメラを通じて全国に中継された。午後3時10分頃から、NHK総合テレビは津波が岸壁を越えて釜石港を襲う映像を流し、その後、民放各局も気仙沼や宮古など岩手県沿岸部の大津波の映像を中継した。

各局の初動からの震災報道と傾向をまとめると、NHKは、仙台局のスタジオからの中継や被災地の定点カメラ、ヘリコプター撮影などの被災地の映像を織り交ぜながら、震災の状況を伝えている。特に、仙台市の津波をヘリコプター撮影でとらえ、名取川を津波が遡上し家屋や田畑を飲み込む状況をリアルタイムで伝えた。スタジオでは、アナウンサーと災害担当記者、東京大学地震研究所の郡司嘉宣准教授が地震や津波の被害、余震の状況を伝えている。他方で民放各局を見ると、日本テレビは「ニュースevery特別版」など、特別編成で震災を報道した。宮城テレビやテレビ岩手、福島中央テレビなどの系列局と中継をつなげながら、宮古の大津波、女川原発の状況などを映像で伝えている。またTBSは、東北放送やIBC岩手放送、テレビユー福島など被災地の系列局と中継で結び、夕方のニュース番組「Nスタ」のスタジオをメインとして特別編成で震災の報道を続けた。宮古港や仙台空港の津波被害や、千葉のガスタンク火災の映像が中継された。地震予知連絡会会長の島崎邦彦東京大学名誉教授や社会安全研究所の木村拓郎顧問が解説に加わっている。フジテレビも震災直後から特別編成でのぞみ、安藤優子キャスターを中心とした震災特番を放送した。仙台放送による仙台空港や仙台市内の津波被害を中継し、被災地の状況が映像で伝えられた。テレビ朝日は、東日本放送や岩手朝日テレビ、福島放送などの系列局スタジオから中継し、津波に襲われる被災地の映像を流しながら震災報道を継続し、夜7時からは「報道ステーション」の古舘伊知郎キャスターがスタジオから被害の状況を伝えた。このように、震災関連の特別番組の放送は、翌日の3月12日も続き（図表2.2参照）、各局が通常編成に戻り始めたのは震災から4日目の3月14日であった。

このような特別編成による大震災のテレビ報道の状況を、放送量の推移から

2章 震災におけるメディア

図表 2.2 震災後のテレビ放送（毎日新聞，2011年3月12日朝刊を元に作成）

NHKテレビ	NHK教育テレビ	時間	日本テレビ	TBSテレビ	フジテレビ	時間	テレビ朝日	テレビ東京
ニュース「東北地方太平洋沖地震関連ニュース」	ニュース・安否放送ほか	6 7 8 9 10 11	NNN緊急特番宮城・茨城大地震	JNN報道特番	FNN緊急特別番組	6 7 8 9 10 11	ANN報道特別番組	
ニュース「東北地方太平洋沖地震関連ニュース」	ニュース・安否放送ほか	0 1 2 3 4 5		JNN報道特番		0 1 2 3 4 5		
ニュース「東北地方太平洋沖地震関連ニュース」	ニュース・安否放送ほか	6 7 8 9 10 11				6 7 8 9 10 11		

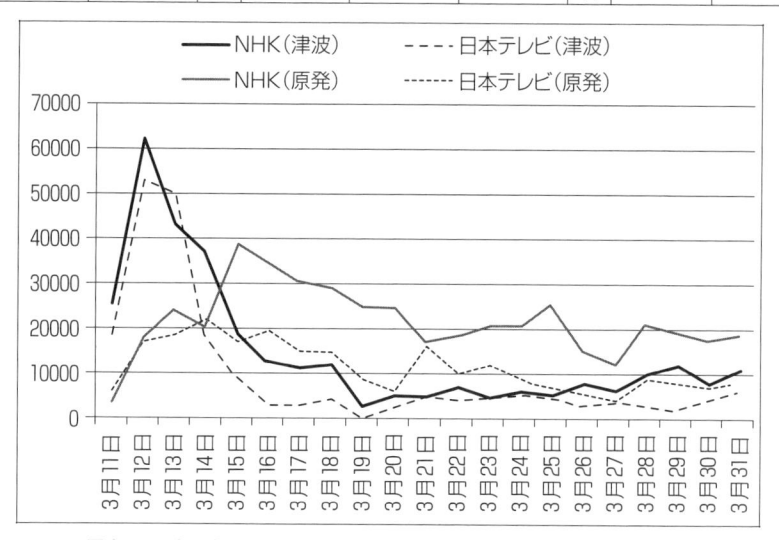

図表 2.3 東日本大震災における津波報道と原発事故報道の量的推移（秒）

見ると、図表 2.3 のようになる。図表 2.3 は、東日本大震災と福島第一原発事故が発生した後、大津波に関する報道と原発事故に関する報道の量（秒数）が

3月11日から3月31日にかけて、どのように推移したかを、日本放送協会（NHK）と日本テレビのテレビ放送データから内容分析し、比較したものである[14]。このグラフを見ると、3月11日から13日にかけての震災初動3日間は津波災害に関する報道が突出していて、NHKも日本テレビもほぼ同じ傾向があることがわかる。

こうしたテレビ報道が災害時に果たす役割として非常に重要な特性を、廣井（1991）は、①テレビ報道による伝達スピードの迅速性、②テレビ報道がキー局と系列局のネットワーク構造を持つことによる放送の広域性として指摘している。被災地にテレビカメラさえ入ることができれば、テレビ映像を迅速に広範囲に報道することができるのがテレビの利点である。

2.1.2　東日本大震災におけるテレビ報道接触

震災後、被災地外または被災地周辺の人々は自分の知りたい情報をどのよう

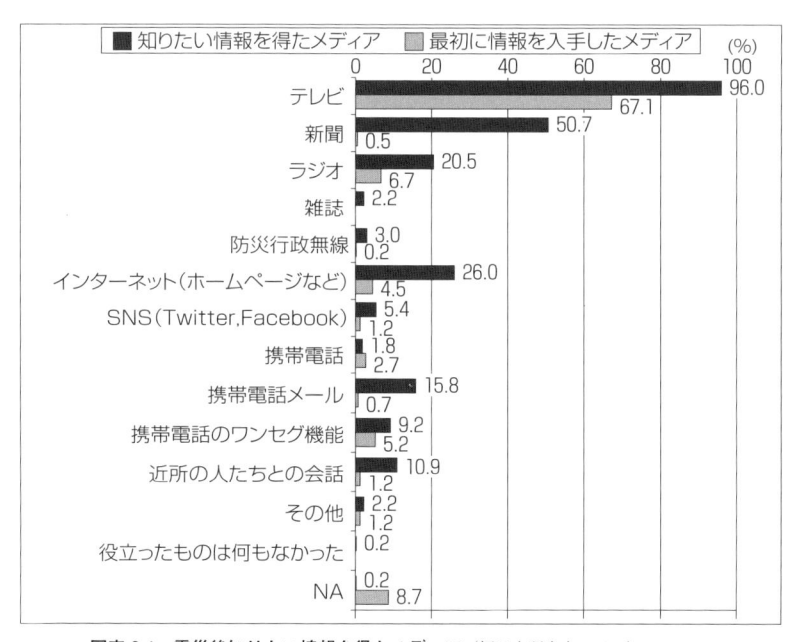

図表 2.4　震災後知りたい情報を得たメディア（福田充研究室，2011）　N = 404

なメディアを使って入手したのだろうか。福田充研究室調査によると、図表2.4のように知りたい情報を得たメディア（複数回答）としてテレビを挙げた人が、96.0％ともっとも多く、次に多かったのが新聞の50.7％、続いてインターネット（26.0％）、ラジオ（20.5％）、携帯電話メール（15.8％）、近所の人たちとの会話（10.9％）と続いている。防災行政無線（3.0％）、携帯電話（1.8％）、SNS（5.4％）は非常に少ないことがわかった。

また、震災直後、最初に情報を得たメディア（択一回答）として、テレビを利用した人が67.1％ともっとも高く、次にラジオの6.7％、携帯電話のワンセグ機能の5.2％と続いた。しかし、インターネット（4.5％）や携帯電話（2.7％）、SNS（1.2％）、携帯電話メール（0.7％）などは非常に少ないことがわかった。つまり、被災地外にいる人々は、停電していないためにテレビが利用できる環境にあり、しかし、輻輳回避のための通信規制により電話やメールが通じにくくなったため、インターネットや携帯電話メールの利用が低くなったと解釈することができる。このような場合には、人々のメディア利用はテレビやラジオなどの放送メディアに集中するのである。

福田充研究室調査では、人々が震災関連のテレビ報道をどれくらい見たかを質問したところ、震災関連のテレビ報道を「とてもよく観た」人は68.3％、「ときどき観た」人は22.8％と、調査対象者の9割の人が震災関連のテレビ報道に

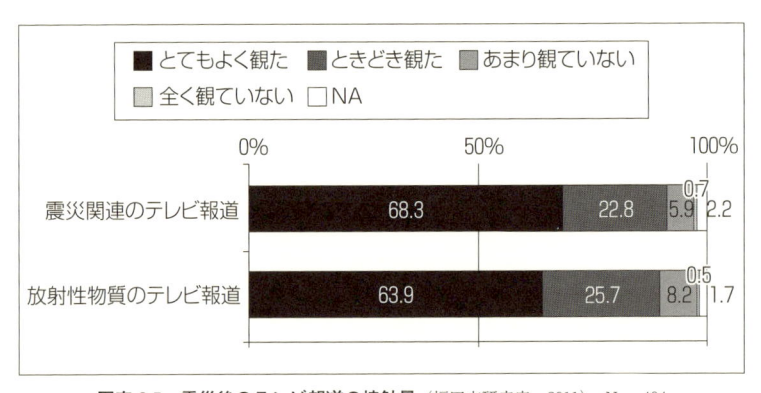

図表 2.5　震災後のテレビ報道の接触量（福田充研究室, 2011）　N = 404

接触していることがわかった（図表2.5参照）。また、福島第一原発事故に関連した放射性物質のテレビ報道についても、「とてもよく観た」人が63.9％、「ときどき観た」人も25.7％と、放射性物質のテレビ報道を観た人も約9割にのぼった。つまり、被災地外に居住する東京都民も、そのほとんどがテレビ報道で震災関連の番組や原発関連の番組に接触していたことがわかる。

それでは、震災のテレビ報道は人々にどのように評価されたのだろうか。どれくらい役に立ったか、またどれくらい信頼されているかについて検討してみたい。日本民間放送連盟研究所（2011）が、東日本大震災後のメディア情報の有用性について調査したところ、「非常に役に立った」と回答した人の割合が、ラジオ放送の46％、テレビ放送の44％と多く、放送メディアの有用性が改めて確認される結果となった。しかしながら、政府やマスコミのホームページ、ニュースサイトなどインターネットの有用性については、テレビ放送やラジオ放送と比べると相対的にやや低い傾向が見られたが、「かなり役に立った」や「多少は役に立った」という数値と足し合わせると、その有用性は全体的に高く評

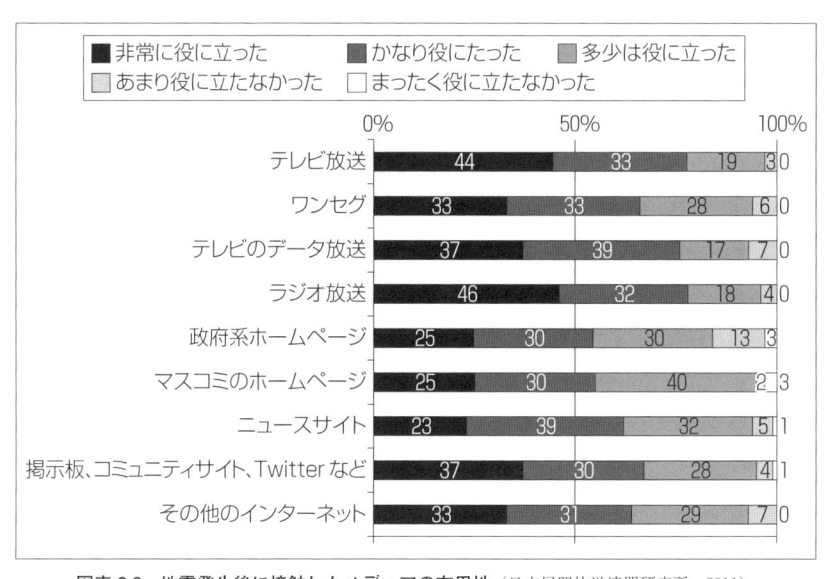

図表2.6　地震発生後に接触したメディアの有用性（日本民間放送連盟研究所，2011）

価されていることがわかる。

また、人々のメディアへの信頼度は震災後どのように変わったのだろうか。野村総合研究所（2011）は東日本大震災後のさまざまな機関の情報発信について、その信頼度の変化をたずねたところ（図表2.7）、「信頼度が上がった」との回答がもっとも多かったのが「NHKの情報」の28.8％であった。災害報道においてNHKの報道が評価されることは、これまでの災害研究の中でもよく見られる現象である。それに「ポータルサイトの情報」（17.5％）、「ソーシャル・メディアで個人が発する情報」（13.4％）が続いている。「政府・自治体の情報」（7.8％）や、「大学・教育機関の情報」（9.2％）よりも、ソーシャル・メディアの情報の方が信頼されたという結果をどう解釈すべきか、さらに考察が必要である。「新聞社の情報」（2.8％）、「民放の情報」（7.2％）への信頼度はさらに低く、災害報道における新聞社やテレビ局のジャーナリズムのあり方について検討する必要がある。

テレビ報道に対する人々の評価について、福田充研究室の調査では幅広い観

情報発信主体	割合（%）
NHKの情報	28.8
ポータルサイトの情報	17.5
ソーシャルメディアで個人が発する情報	13.4
大学・研究機関の情報	9.2
政府・自治体の情報	7.8
民放の情報	7.2
新聞社の情報	2.8

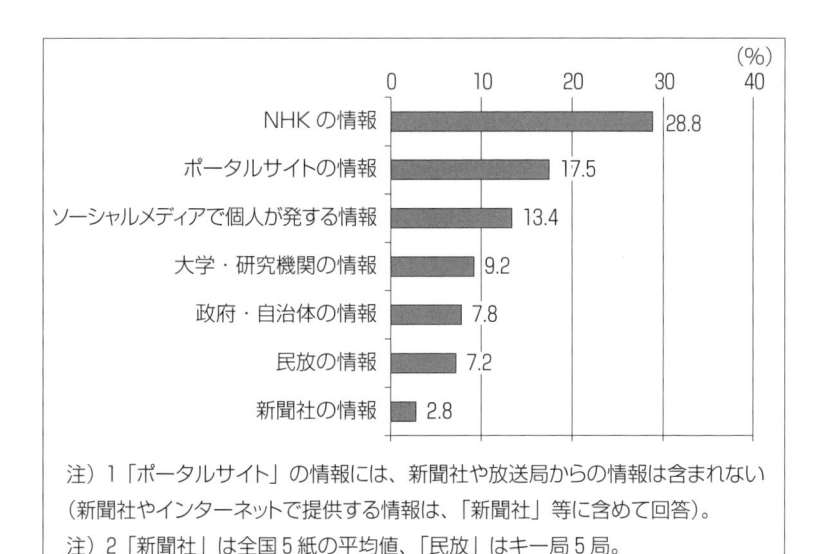

注）1「ポータルサイト」の情報には、新聞社や放送局からの情報は含まれない（新聞社やインターネットで提供する情報は、「新聞社」等に含めて回答）。
注）2「新聞社」は全国5紙の平均値、「民放」はキー局5局。

図表2.7　震災後信頼度が上昇した情報発信主体（野村総合研究所，2011）

点から考察している。図表 2.8 のように、「テレビ報道から目が離せなかった」（注目度）という回答は「とてもあてはまる」と「ややあてはまる」の割合を合わせると 92.3％と高く、ほとんどの人が震災のテレビ報道に注目したことがわかる。「テレビ報道から自分の必要とする情報が得られた」（有用性）という設問への回答は 69.6％（「とてもあてはまる」と「ややあてはまる」の合算。以下同様）と比較的高く、また、「テレビ報道を信用できた」（信用度）という回答は 68％にのぼっている。このように全体的に見て、テレビ報道に対する①注目度や②有用性、③信用度は比較的高い傾向があることがわかった。しかしながら、その反面で、「テレビ報道に何らかの違和感を覚えた」人が 49.3％、「テレビ報道に強迫されているような気持ちになった」人が 31.0％おり、その結果、「テレビ報道を見たくなくなった」人が 38.3％も発生していることがわかる。「テレビに対する評価やイメージが上がった」という人も、34.8％しかいないことは、こうしたテレビ報道の負の影響から来ていると考えられる。こうしたテレビ報道が生み出した効果・影響については、さらに後の章で詳細に検討したい。

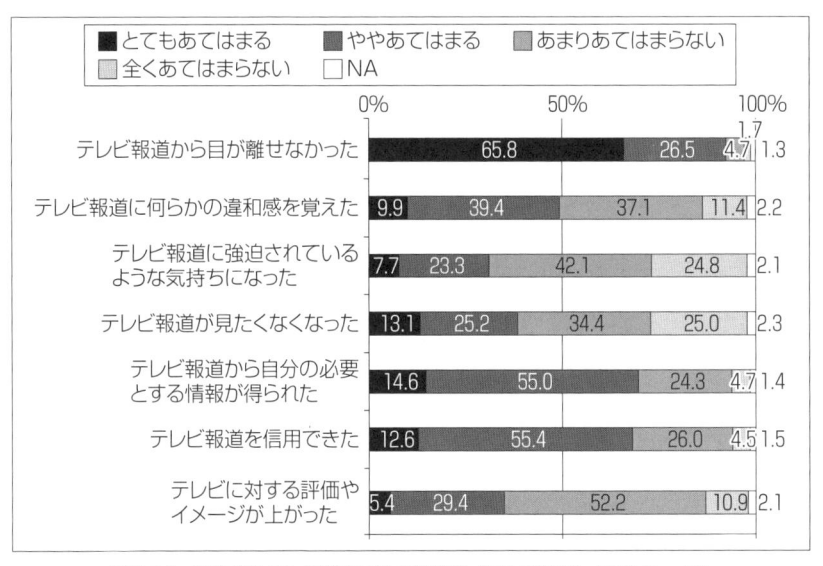

図表 2.8　震災後のテレビ報道に対する評価（福田充研究室，2011）N = 404

2.1.3 東日本大震災におけるテレビ報道の有効性と問題点

　大震災において、テレビ報道が非常に有用であり、不可欠であることは間違いない。被災地外にいる人々にとって、震災でどのような被害が発生し、どのような問題があるか、その被災地の状況を映像で伝えてくれるメディアは今でもテレビが中心的存在なのである。本橋（2011）は東日本大震災におけるテレビ報道について考察し、テレビ報道の有効性を指摘している。確かにテレビ映像には問題点も多いものの、テレビは刻一刻と変容する情勢を、被災地での独自取材をもとにリアルタイムで伝えていた。それは災害対策にも活用され、被災地外からの支援にも役立ったことも事実である。

　日本全国の多くの人々が、テレビ報道を通じて、東北の津波の実態を視聴し、東日本大震災をオーディエンスとして経験したのである。また、福島第一原発事故についても、原発建屋の水素爆発映像も、テレビが中継したことによって、人々は映像のインパクトをもって原発事故を理解したのである。原発建屋の水素爆発については、当時の菅直人首相までもがその第一報をテレビ中継で見たことが明らかになっている。災害対策の初動対応にとっても、震災の被害状況を映像で知るということにおいて、こうしたテレビ報道とテレビ局の取材体制の重要性は極めて高い。また NHK 教育放送は、震災後に被災者の安否情報に特化した放送を行い、被災者の安否を被災地外の視聴者に対して伝え続けた。こうした放送局による役割分担も重要である。そういう意味では、キー局によるテレビ報道の多くは、被災地でテレビが見られない状況にある被災者のために放送されているものではなく、むしろ、被災地の状況を取材して被災地外の人々に伝えるためのメディアとして機能している側面が強い。

　被災地の状況を被災地外のオーディエンスに伝えるという一方向性的な特性から、テレビ報道にはさまざまな負の側面が発生することも事実である。テレビの災害報道に指摘される負の側面には、①センセーショナリズム、②映像優先主義、③集団的過熱報道（メディアスクラム）、④横並び、⑤クローズアップ効果、⑥一過性、⑦報道格差、⑧中央中心主義の問題などがある。

たとえば災害報道の①センセーショナリズムについては、パニック報道の関連ですでに廣井（1987）で指摘されているが、テレビや新聞などのマスメディアは、災害時の報道でその被害の実態を誇大に表現しようとするセンセーショナリズムに陥る傾向がある。これは阪神淡路大震災での災害報道でも発生し、地震によるビルの崩壊現場や火事の現場で感情的に絶叫するレポートが繰り返されたり、避難所で被災者の姿や犠牲者の遺族が取材で追い回されたりしたことが、問題となった。これは、視聴者の災害への危機感や意識を高めるためには効果があるが、その反面、不安や恐怖をいたずらに高める悪影響もあり、倫理的な面からも報道ではそのバランスについて配慮される必要がある。草野（2011）は、こうしたセンセーショナルな感情に訴える報道が多かった東日本大震災の報道を批判し、問題の本質を掘り下げたり、政策につながる議論を行うことにつながる報道の必要性を指摘している。

　またテレビは映像メディアであるため、映像がないニュースは報道されにくい傾向があり、いわゆる「絵になる」事態がニュースになりやすい傾向がある。このような②映像優先主義は、映像的にインパクトのあるものをメディアが求めやすくなることによって、本来報道にあるべきニュース・バリューに悪影響を与える。本来、絵にならないテーマにも重要な問題が潜んでいることを忘れさせてしまうのである。また、通常の報道と同じかそれ以上に、災害時には特ダネを求めて報道が過熱することがある。被災地での③集団的過熱報道（メディアスクラム）が発生して問題になることもある（福田，2009）。災害発生後、メディアの取材陣が被災地に殺到し、災害対策の邪魔をする実態が発生することがある。阪神淡路大震災でも発生したが、テレビのヘリコプター撮影が多すぎたため騒音が激しく、がれきの下に埋もれている被災者の救出に支障が出たり、災害対策を行っている役場に電話取材が殺到したために災害対策の邪魔になったりする事例が続出した。また、被災者がいる避難所や犠牲者の合同葬儀に張り付いて取材し、被災者の気持ちを逆なでしたり、これらはときに「報道災害」と呼ばれることもある。また特ダネを求める記者の心理とは反対に、特オチを恐れる意識から、報道が④横並びになる現象も発生する。これは災害で

も同じ傾向があり、特に災害発生時には被災地の映像や情報を持っている機関が地元自治体や政府に集中することから、災害時の報道では災害情報を政府や自治体に依存する傾向が強まる。よって情報源が共通になるため、災害時のテレビ報道や新聞報道は横並びになる傾向がある。危機事態においては、情報源を政府などの権力に依存せざるを得ない、発表ジャーナリズムの問題でもある。特に、今回の福島第一原発事故においては、報道の情報源をⓐ政府（首相官邸）とⓑ経済産業省原子力安全・保安院、ⓒ東京電力に依存せざるを得ず、その記者会見において発表された情報をそのまま報道する発表ジャーナリズムの問題が浮き彫りになった（図表2.9参照）[15]。原発事故のように、高度に科学技術の知識が必要な問題、また事故現場が閉鎖されていてメディアの取材陣が内部に入れないような場合に、このような記者会見発表に依存する報道に陥りやすい。

廣井（2000）は、災害時の報道が被害の大きいところばかりに集中し、その結果、被害の大きい地域やインパクトのある映像ばかりがクローズアップされて報道され、視聴者の認識を間違わせるⓔクローズアップ効果を指摘している。本来の災害は、被災地でも被害が激しい地域と、被害が小さい地域のグラデー

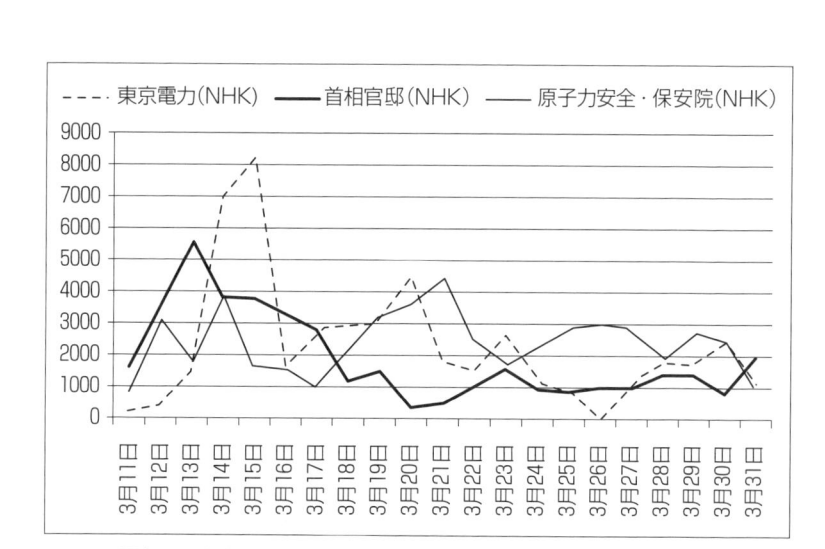

図表2.9　福島第一原発事故で登場する主体（情報源）の報道量推移（秒）

ションの差が存在するが、被害の大きな地域の映像ばかりを編集でつなぎ合わせて繰り返し報道することで、その被災地全体が壊滅的な被害を受けている印象を与えてしまうことがある。これとは反対に、災害発生時の初期には「情報のドーナッツ化現象」も発生する。これは、大震災が発生したときに、本当に被害の甚大な中心的地域からは被害情報が全く入らず、比較的被害の軽い周辺地域からばかり情報が入ってくることで、報道が被害の小さい周辺地域に集中し、この災害の被害を小さく見積もるように認識を誤らせてしまう効果である。本当に被害が大きいのは、情報が全く入ってこない情報の空白域であることを理解しなければ、災害対策の初動対応を間違えることになる。阪神淡路大震災では、この現象が発生して、当時の村山富市政権の初動態勢をさらに遅らせたという悪影響につながった。また、廣井（2000）は、災害報道の⑥一過性の問題を指摘している。災害発生時にはメディアの取材陣が被災地に展開し、大量の報道を行うが、時間が経過するにつれてその報道量も減少し、次第に社会から忘れ去られてしまうという問題である。実際、東日本大震災から1年が経過しても復興はあまり進んでいない状況があるにもかかわらず、すでに被災地の報道は減少し、被災地外の人々の意識からは少しずつ震災の問題が消えつつある可能性がある。福島第一原発事故とその影響で避難生活を強いられている被災者の生活は今も現在進行形である。新しいものを常に追いかけるというメディアのニュース・バリューの特徴から発生する難しい問題である。

　また田中（2011）は、災害報道における⑦報道格差の問題を指摘している。災害時には、報道で取り上げられる地域と、報道で伝えられない地域の報道量に差が発生する。当然、全く均等に地域ごとに報道することは困難であるが、こうした格差が発生することで、報道量の多い地域ばかりが注目され、災害対策や支援がそこに偏るという現象も発生する。被災地外の人々にとっては、メディアの報道がすべてであり、メディアによって報道される地域こそが救うべき被災地であり、報道されない地域のことは全くその存在も知ることはできないのである。また、⑧中央中心主義の問題とは、大震災が発生した場合に、テレビ局や新聞社の本社が存在する東京都の視点からの報道に偏りやすいという

傾向を指している。これは阪神淡路大震災でのテレビ報道でも発生したが、震災直後に神戸の被災地の状況を伝えながらも、このような大震災が東京で発生したらどうすべきか、ということが時間を割いてより多く議論されたような報道内容にも現れている。東日本大震災に関する報道においてもこのような傾向は少なからず見られた。

このように東日本大震災でもテレビ報道の問題点が明らかになった。よりよい災害対策、災害支援のために、テレビの災害報道のあり方についてさらに検討を続ける必要がある。災害時の報道によって被害を最小化させたり、支援を最大化させたりすることもできるのである。

2.2 広告とメディア・キャンペーン

東日本大震災発生直後の民放テレビ各局が特別番組を編成し、震災の被害情報を報道し続けたことは先の節で考察した通りである。その特別番組の中ではテレビCMはカットされて放映されなかった。しかしその特別番組が終了した後も、一斉に民間企業がテレビCMを自粛し、その代わりに公益社団法人ACジャパン（旧公共広告機構）の公共広告が繰り返し流されたことは周知の通りである。ACジャパンの公共広告の中でも、「あいさつの魔法。」篇など、東日本大震災とは直接関係のない公共広告も流れた一方で、東日本大震災発生後に急遽制作された震災向けの公共広告も放映されるようになった。この節では、東日本大震災の後、公共広告や一般の企業CM、またはさまざまなメディア・キャンペーンの形式で、東日本大震災の支援がどのように行われたか、考察したい。

2.2.1 東日本大震災におけるメディア・キャンペーン

東日本大震災を支援する目的で制作されたキャンペーンは、もちろんテレビCMだけでなく、他にも新聞広告や街頭ポスターなどのOOH（アウト・オブ・ホーム）メディアなどさまざまな形の広告を活用されて行われた。他にも、芸

能人によるチャリティ・イベントや、ミュージシャンによるチャリティ・ソング、スポーツ選手によるチャリティ・マッチなどの震災の支援のための各種イベントも数多く開催され、注目を集めた。こうした一連の震災の支援キャンペーンがメディアによって形成され、「ひとつになろう日本」（フジテレビジョン）や、「つながろうニッポン！」（日本テレビ放送網）といったメディア・キャンペーンが展開された。このようなメディア・キャンペーンは、人々の意識にどのような影響を与えたのだろうか。そして、こうしたメディア・キャンペーンは被災地の支援にどのように役立ったのだろうか。東日本大震災で展開された具体的なメディア・キャンペーンの事例を見ながら、考察したい。

震災関連で制作された支援のためのコンテンツにはさまざまなものがあるが、その一部をまとめると、図表 2.10 のようなものが代表的である。震災直後、民間企業が一斉に自社 CM を自粛のために、テレビ CM 枠に大幅な空きができた。それを埋めるために AC ジャパンの公共広告が連日繰り返し流された。CM 総合研究所によると、2011 年 3 月度（2011 年 2 月 20 日～3 月 19 日）の AC ジャパンの公共広告放送回数は 2 万 29 回、CM ミートは、853,710 回／月であり、4 月度（2011 年 3 月 20 日～4 月 19 日）の同社広告の放送回数は 3 万 1075 回、CM ミートは 1292,480 回／月だった[16]。これは同月の他の企業のテレビ CM と比べて圧倒的に多いことがわかる。

当初は、AC ジャパンの公共広告は震災とは関係ない内容の CM（「あいさつの魔法。」篇など）であったが、AC ジャパンも復興支援のための広告を制作した。それが図表 2.10 にも挙げている①「日本の力を、信じてる」篇（図表 2.11 参照）や「今、私たちにできること」篇などである。これらは SMAP や AKB48 など有名人を起用したもので、節電や買い控えなど震災対策や復興を呼びかける内容であった。

その後、民間企業の震災向けテレビ CM も制作され、②サントリーによる「上を向いて歩こう」篇や③日本生命による「明日へ」篇などがテレビで流された。サントリーの復興 CM は、矢沢永吉、宮沢りえ、堀北真希など同社のテレビ CM に出演中の総勢 71 人が登場し、坂本九の名曲「上を向いて歩こう」と「見

図表 2.10　震災関連の広告やメディア・キャンペーンの一部

【テレビCM】
① ACジャパン「日本の力を、信じてる」篇、「今、私たちにできること」篇など
② サントリーホールディングス「上を向いて歩こう」篇など
③ 日本生命「明日へ」篇
④ エステー「消臭力」篇
⑤ ソフトバンクモバイル「復興支援ポータルサイト」篇、「星空」篇
⑥ 被災自治体「東日本大震災復興宝くじ」篇
⑦ 小正醸造「東日本大震災復興企画」篇
⑧ アディダス「すべての力をひとつ」篇
⑨ キリンビール「思いは、プレーに」篇

【新聞広告】
⑩ 菅首相によるメッセージ広告「絆に感謝します（Thank you for the Kizuna）」

【企業からの呼びかけ】
⑪ フジテレビジョン「ひとつになろう日本」
⑫ 日本テレビ放送網「つながろうニッポン！」
⑬ JR東日本「つなげよう、日本。」

【ネット広告】
⑭ つあど「つぶやきのチカラ」
⑮ バリューコマース「東日本大震災 復興支援プログラム」

【イベント】
⑯ 社団法人日本サッカー協会「サッカー日本代表 VS Jリーグ選抜」
⑰ チーム・アミューズ「Let's try again」
⑱ 猪苗代湖ズ「I love you & I need you ふくしま」

【被災地でつくられた広告】
⑲ 震災復興支援プロジェクト「TOMODACHI DESIGN」
⑳ ポスタープロジェクト「復興の狼煙」

上げてごらん夜の星を」をリレー形式で歌う内容である。また④エステー「消臭力」篇は、白人少年がカメラに向かって商品名を熱唱するコミカルなテレビCMであったが、背景に映っている街リスボンは1755年に大地震と津波に見

図表 2.11　AC ジャパン CM「日本の力を、信じてる」篇のトランスクリプト

時間	映像	音声／テロップ
0.00	香取慎吾	「あなたは　どんな時でも一人じゃない」
0.03	草彅剛	「僕らが　みんなが　ついています」
0.06	稲垣吾郎	「互いに譲り合い　助け合いながら」
0.08	木村拓哉	「強く　強く　未来を信じて」
0.11	中居正広	「今　ひとつになる時」
0.14	SMAP 全員	「日本の力を、信じてる。」
0.17	トータス松本	「日本は　強い国」 「長い道のりになるかもしれないけど」 「みんなで頑張れば　絶対に乗り越えられる」 「そう思う」 「日本の力を、信じてる。」
0.30	文字のみ	「民間のネットワーク ACJAPAN 会員社のご支援で活動しています。」

舞われ6万人以上が犠牲となった歴史を持つ街である。その復興を遂げた家並を背景にその CM は撮影され、日本の復興を願う隠れたメッセージが込められていて、話題となった。

　企業からの震災復興に向けたキャンペーンでは、⑪フジテレビ「ひとつになろう日本」がある。フジテレビはウェブサイトで、「今こそ日本中の人々がひとつになって立ち上がり、復興へ向け、そして未来へ向けて踏み出して行こう」という思いをこのキャッチフレーズに込めたことを紹介している。フジテレビはこのキャッチフレーズのもとに大々的なキャンペーンを展開し、募金など震災の被災地の復興に向けた支援を行った。そしてそれはテレビ局のようなメディアだけではなく、⑬ JR 東日本「つなげよう、日本。」のように、民間企業でも復興支援キャンペーンは実施された。人々は家にいてテレビやラジオ、新聞などのメディアからキャンペーンのメッセージに接し、外出しても駅や電車の広告で、居酒屋やレストランで、またはさまざまな商品パッケージで復興メ

ッセージを目にする生活を送った。

　さらにさまざまなチャリティ・イベントも行われた。平成23年3月29日に⑯東北地方太平洋沖地震復興支援チャリティ・マッチが「日本代表×Ｊリーグ TEAM AS ONE」という名称で開催された。日本サッカーのスター選手が集結し、そのイベントの収益が被災地に寄付された。また、⑱猪苗代湖ズは、福島県出身で現在は関東で活躍するミュージシャンによるバンドである。このバンドによる曲「I love you & I need you ふくしま」の売り上げなど活動による利益のすべてを、福島県の「福島県災害対策本部」に義援金として寄付している。この猪苗代湖ズは2011年大晦日のNHK紅白歌合戦に出場し、この曲を演奏した。2011年の紅白歌合戦は、東日本大震災や相次いだ台風災害の復興の意味も込めて、「あしたを歌おう。」をテーマにしていて、この紅白歌合戦自体が震災の復興を願うメディア・キャンペーンとして機能したといえる。

　メディア・キャンペーンは被災地を支援するために被災地外で行われるだけではない。⑳「復興の狼煙ポスタープロジェクト」は、実際の被災者の写真と短いキャッチコピーだけで構成されている。そのキャッチコピーは、たとえば「なみだにバイバイします。」「甘くみるなよ、大槌人だ。」「そして絆は家族になった。」「前よりいい町にしてやる。」など、被災者の視点から発せられるメッセージになっている。盛岡市の広告会社に勤める男性社員を中心に制作されたポスターで、約30の企業・団体の協賛を得て約1400枚を印刷し、セット販売もしてその収益を義援金として寄付している。

2.2.2　メディア・キャンペーンの理論と歴史

　メディア・キャンペーンの利用は今回の東日本大震災に限ったことではない。日本におけるメディア・キャンペーンの代表的な事例として、オリンピックでの「がんばれニッポン」キャンペーンが挙げられる。これは1979年から始まった、日本オリンピック委員会（JOC）が行ったキャンペーンで、選手の強化費用の獲得のために企業とタイアップして資金を集めることを目的としたものである。これまで多くの企業がこのキャンペーンに参加し、自社の商品や広告

に選手の写真などと一緒に「がんばれニッポン」というフレーズを用いた。オリンピックの時期が近づくとともに、こうしたキャンペーンがテレビや新聞などのメディアで展開され、オリンピックを盛り上げ、日本選手を応援するムードを醸成し、日本国民の高揚感や一体感につながっている。

このように、メディア・キャンペーンとはメディアを通じてある主張を継続的に呼びかけることである。その主張にはさまざまな内容のメッセージが含まれる。また、メディアの形態も多様である。メッセージ内容には共通点があり、「～に参加を」とオーディエンスの行動や参加を呼びかけるものや、「～に理解を」などオーディエンスの関心や意識を喚起するものなど、オーディエンスの意識や行動に変更を求める説得コミュニケーションの形式をとる。

マクウェール（1983）によると、メディアのキャンペーンは組織的であり大規模だという特徴がある。図表2.12は、彼がキャンペーンの影響過程を6段階で説明したモデルである。第一に、キャンペーンの主体（情報源）は個人ではなく企業や団体などの集合体である。第二に、キャンペーンは単独のメディアだけでなく、複数のメディアを使った多様なチャンネルで伝達される。第三に、キャンペーンのために大量なメッセージが伝達され、第四に、オーディエンスの注目や意識がキャンペーンに向けられるかどうかのフィルター条件を経由して、第五にキャンペーンのメッセージがオーディエンスに到達、その結果、第六にオーディエンスの中でキャンペーンの効果が発生するという流れである。オーディエンスの中に発生するキャンペーン効果には、認知的効果、情緒的効果、行動的効果など多層的な効果が存在する。さらに、マクウェール（2005）

図表2.12　キャンペーンの影響過程のモデル（マクウェール，1983）

集合的な情報源	→	複数のチャンネル	→	多数のメッセージ	→	フィルター条件	→	さまざまな公衆への到達度	→	効果
						注目 知覚 集団状況				認知的 情緒的 行動的

は、公的なキャンペーンの典型的な要素と流れについてさらに次のように発展させている。①集団が情報の発信源、②目標が社会的に認められている、③複数存在するチャンネル、④メッセージの数の多さ、⑤標的となる集団に到達する道筋は多様、⑥フィルターとなる諸条件が存在、⑦情報処理の手法は多様、⑧効果が生じる、⑨評価が行われるという9段階である。ここで重要なのは、キャンペーンには社会的に認められている明確な目標があるということであり、それはときには募金活動であり、購買行動であり、投票行動などの面で、人々を説得し、参加させるためにキャンペーンは実施されるのである。

　メディア・キャンペーンには長い歴史があり、メディア研究の中でも歴史的な研究がなされている。たとえば、フランクリン・ルーズベルト大統領による「炉辺談話」は有名な事例である。これはアメリカ第32代大統領であるルーズベルトが、ラジオという当時新しいメディアを利用し、国民に対して直接語りかけることによって、第二次世界大戦におけるアメリカ政府の方針を説得するために実施された。大統領がラジオというメディアを使って、自宅の居間にいる家族としての国民に直接語りかけるという新しい形の説得コミュニケーションの誕生であり、戦争に向けてアメリカ国民の重要な士気高揚策となった。

　また同じくアメリカのケイト・スミスによる「戦時国債キャンペーン」も有名な事例である。第二次世界大戦当時、アメリカ政府は戦時国債を発行し、これを売るために実施されたメディア・キャンペーンである。1943年9月21日朝8時から翌日午前2時まで人気女性歌手のケイト・スミスを使って行われたCBSラジオのマラソン放送の結果、たった1日で3900万ドルという巨額の戦時国債を売り上げることに成功した。そのとき使用されたスローガンである「債権を買ってくれますか？」は何度もラジオ放送中に繰り返し伝えられ、マートン（1946）は、著書『大衆説得』の中で、そのメディア・キャンペーンの実態と効果について検証している。彼はこの研究と分析から、①放送マラソン形態と強制的聴取という特性、目標を設定してそれを達成するまでは緊張感を継続させる②ゴールへの接近、説得効果を高めるための③メッセージの反復という、3つの特徴を抽出している。これは、現代の東日本大震災におけるメディア・

キャンペーンにもそのままあてはまる特性であるといえる。このラジオという当時まだ新しい放送メディアがオーディエンスに与える強大な影響力から、マスコミ効果論の初期の段階では、弾丸理論とも呼ばれる強力効果説が有力な時代であった。

また、ナチスドイツがラジオや映画を用いて行った一連のプロパガンダも、メディア・キャンペーンの一種と考えることができる。ジャウエット&オドンネル（1992）によると、プロパガンダとはラテン語で「繁殖させる」または「種をまく」という意味で、特定の観念を社会的に普及または促進することを意味する。プロパガンダは、実行者の望む意図を促進し目標を達成するため、知覚を形成し、認知を操作し、行動を指示しようとする、計画的で組織的な試みである。1930年代にドイツの政権を握ったナチス党（国家社会主義ドイツ労働党）の指導者である総統アドルフ・ヒトラーは特にプロパガンダを重視し、ヨーゼフ・ゲッベルスを大臣とする国民啓蒙・宣伝省を設置した。宣伝省は放送、出版、絵画、彫刻、映画、歌、オリンピックといったあらゆるものをプロパガンダに用いた。「嘘も百回言えば真実となる」というゲッベルス大臣の言葉はプロパガンダの真理を突く名言であり、大衆に向けて「短く、わかりやすいフレーズを何度も繰り返す」という手法は、ヒトラーが『我が闘争』の中で強調していた持論である。これらは、メディア・キャンペーンのひとつの重要な要素である。ラカー（1995）もまたファシズムの考察の中で、ナチスのプロパガンダについて注目し、巨大な組織と莫大な予算のもとに実行される宣伝省によるメディアの管理と統制の実態について考察している。

クラカウアー（1947）によると、ドイツにおいて第二次世界大戦勃発当初に統一されたニュース映画の制作は、ナチスによって完全に統制されていた。ゲッベルス大臣の下で、ラジオはヒトラーの演説を全国の国民に直接伝えるためのメディアとなり、映画はナチスの党大会やベルリン・オリンピックを全国の国民に参加させるためのメディアとして、世界にドイツの優秀さを宣伝するためのメディアとして利用された。ベルリン・オリンピックは、聖火ランナーという儀式を導入した最初のオリンピックであり、ラジオ中継で世界に放送され、

レニ・リーフェンシュタール監督の『オリンピア』で映画化されて伝えられたメディア・イベントであった（福田, 2009）。ナチスはメディア・イベントをメディア・キャンペーンの道具として位置づけ、戦略的に活用したのである。

このようにメディアによって報道されることを前提として計画されるイベントのことを、メディア・イベントという。ダヤーンとカッツ（1992）は、メディア・イベントの特徴について、内容は主催者によって計画されること、放送などメディアによって社会に共有されること、生放送で幅広い地域に中継されること、オーディエンスの日常生活を中断・独占して魅了することなどを指摘している。メディア・イベントには、皇太子の結婚パレードに代表されるような「戴冠型」、オリンピックやワールドカップなどの「競技型」、アポロ11号月面着陸などの「制覇型」など幅広いパターンが存在する。これらメディア・イベントが世論にどのような影響を与えているのか、ダヤーンとカッツ（1992）は以下のように述べている。①世論から見れば、メディア・イベントは、それが扱う制度に地位を与える。②メディア・イベントは、与えられたひとつの問題やワンセットの問題に世論の関心を集中させ、それに関する議論を活性化する。③メディア・イベントは、好み、価値、信念の表明を奨励したり抑制したりすることを通じて、世論に影響を及ぼす。④メディア・イベントは、場合によっては、予期せぬ社会運動を促進する触媒として役立つこともある（ダヤーンとカッツ：1992＝1996, pp.265-267）。このようにして、メディア・イベントは政治的かつ経済的に、また文化的に、諸国民を統合することができる。このメディア・イベントもメディア・キャンペーンと似た特徴と傾向を持つ重要な社会活動であるといえる。

2.2.3 メディア・キャンペーンへの接触と効果

では、東日本大震災におけるメディア・キャンペーンに対して、人々はどれくらい接触したのだろうか。福田充研究室の調査によると、ACジャパンのテレビCMを「とてもよく観た」と「ときどき観た」という回答の割合を足す（以下同様）と86.8％の人が接触していたことがわかる。続いて、「ひとつになろ

う日本」など、テレビ局からの呼びかけへの接触率も83.1％と非常に高いことが明らかになった。また、節電を訴える広告への接触率は84.4％、震災に向けた企業広告への接触率は70.0％、スポーツなどチャリティ・イベントの放送への接触率は57.7％、企業による被災者に対してのお悔み広告には60.4％の人が接触していることがわかる。やはり、ACジャパンの公共広告や、テレビ局が行ったメディア・キャンペーンへの接触率は非常に高いことが明らかとなった。

宣伝会議（2011）はテレビCMの想起率に関する調査を行っている。国内の宣伝費上位企業で過去半年間に流れたテレビCMの想起率、およびそのテレビCMから企業名を想起できたサンプル数を1ヶ月ごとに調査、企業ブランドの想起率を算出している（宣伝会議、2011年5月1日号）。2010年10月から2011年3月までの企業ブランドの想起率についての上位20社の調査結果を見ると、1位の本田技研工業（73.5％）、2位の日本マクドナルド（69.1％）と有名企業が続く中で、ACジャパンの公共広告は49.9％で12位にランキング入りしている。これは、トヨタ自動車（14位、48.3％）やソフトバンクモバイル（16位、46.5％）を押さえた結果となっており、ACジャパンの広告がいかに人々の記憶に残っていたか、ということを表しているといえる。

また、CM総合研究所（2011）が2011年3月下旬から4月にかけて震災後

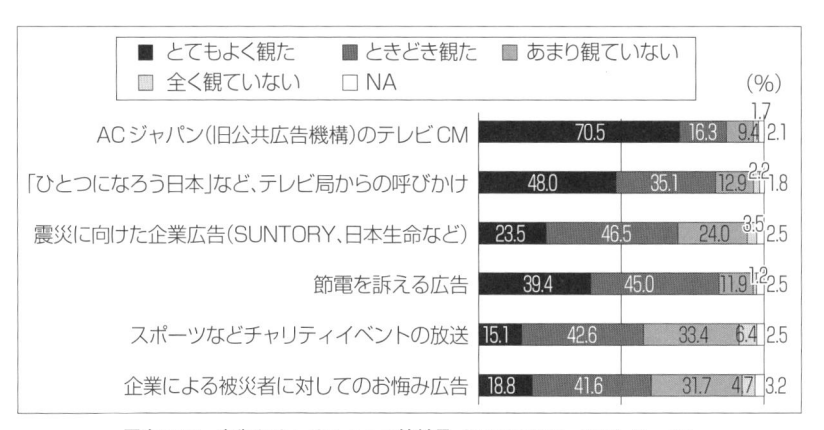

図表2.13　広告やチャリティへの接触量（福田充研究室, 2011）N = 404

2章 震災におけるメディア

図表2.14　2011年4月度銘柄別CM好感度トップ10（CM総合研究所）

順位	企業／商品名	オンエア作品数	CM好感度
1	ACジャパン／公共広告	全20作品	1316.7P
2	サントリーホールディングス／イメージアップ	全2作品	166.7P
3	ソフトバンクモバイル／SoftBank	全5作品	117.3P
4	サントリー食品／ニチレイアセロラ	全2作品	94.7P
5	アフラック／生きるためのがん保険Days	全2作品	74.0P
6	全国都道府県及び全指定都市／ロトシックス	全1作品	66.7P
7	大日本除虫菊／虫コナーズ	全2作品	62.0P
8	チョーヤ梅酒／酔わないウメッシュ	全1作品	43.3P
9	ファーストリテイリング／ユニクロ	全7作品	38.7P
10	エステー／ムシューダ	全1作品	37.3P

　に実施した「銘柄別CM好感度ランキング」のアンケート調査では、ACジャパンが1位、次いでサントリーホールディングスが2位、さらにソフトバンクモバイルが3位という結果となった（図表2.14参照）。東日本大震災後、特殊なテレビ放送環境において、テレビCMがカットされ、ACジャパンの公共広告が大量に放映された実態を反映して、CM好感度もACジャパンに集中した結果となっている。このデータから、この震災後のメディア環境の中で、ACジャパンの公共広告に対して好感を持った人も多く存在したことがわかる。

　しかしながら、こうした「がんばろう日本」といったメディア・キャンペーンや、ACジャパンの公共広告に対する、人々の批判の声もあったことも事実である。東日本大震災の後、日本中にあふれた「がんばれ」「がんばろう」というメッセージに対して、被災地からは、違和感を覚えるという次のような声が出ている。

　「『頑張れ』と言われなくても、誰もが十分に頑張っている」（朝日新聞、5月31日朝刊2面）。

2.2 広告とメディア・キャンペーン

「被災者たちはもう十分がんばっています」「もう、これでもかっていうくらい苦難の連続なんです。これ以上、どうがんばればいいのでしょうか」(朝日新聞、5月4日朝刊10面)。

また、こうした「がんばろう」というメッセージに対して、精神科医の野田正彰氏は一貫して批判する姿勢を示している(毎日新聞、4月20日夕刊11面)。このメッセージは抽象化された被災者一般に投げかけられた言葉であって、遺族を失ったような一人一人の具体的な被災者の顔を思い浮かべていないと、彼は批判する。中島(2011)は同じくこうした「がんばろう」というメッセージに対して批判し、「『がんばろう、日本』という掛け声に夢中になっているうちに、我々は全体にのみ注目しているという偏向に気づかなくなり、数の威力の前に『かけがえのない個人』への視点を失ってしまう。(中略)。スローガンとなりテレビに何十回も映し出され、大勢の人が同じ言葉を反芻すると、本来『よい言葉』は退化して、一種の暴力装置になりかねない」(中島, 2011, pp.132-134)と述べている。

福田充研究室の調査結果からもこの傾向がうかがわれる。「何度も流されたACジャパン(旧公共広告機構)のCMに不快感を覚えた」という質問に、「とてもあてはまる」人が26.0%、「ややあてはまる」人が32.7%と、あてはまる人が58.7%もいることが明らかになった。企業側には視聴者に支援行動や支援意識を促すためにこのような広告を作ったという意図があるものの、実際はその広告を不快に思っている人が被災地外にも半数以上いることがわかった。つまり今回行われた「がんばろう日本」などのメディア・キャンペーンは、「被災地の危機を日本全体で乗り越えなければ」と被災地外の人に強く認識させ、支援意識の向上や団結意識が生まれた一方で、被災者を意識しないメッセージが繰り返されることで不快感が発生したり、個人の辛さや悲しみが抑圧されたりする状況につながったと考えることもできる。こうしたメディア・キャンペーンがもたらしたプラスの効果と、マイナスの効果の両方について、3章以降で具体的に分析を続けたい。

2.3 ソーシャル・メディアの活躍

1995年の阪神淡路大震災は大地震でインターネットが活躍した最初の災害であった。阪神淡路大震災においてインターネットやパソコン通信がどのように活用されたかを調査した川上ら（1995）や、福田（1996）の研究は、災害とインターネットについて研究した初期の代表的事例である。そして、2011年の東日本大震災は、SNS（ソーシャル・ネットワーキング・サービス）の活躍が注目された最初の災害ということができる。インターネットのWeb2.0メディアであるTwitterやFacebook、mixi（ミクシィ）といったSNSが日本では有名であるが、これらのSNSにYouTube（ユーチューブ）やニコニコ動画などの動画投稿サイトなども含めたソーシャル・メディアという概念をここでは用いたい。今回の東日本大震災で、ソーシャル・メディアがどのように利用され、どのような現象が発生したか、この節で考察したい。

2.3.1 震災後のインターネットと支援サイト

東日本大震災が発生した直後から、日本中でインターネットを活用した支援が開始された。グーグルは、支援サイト「グーグル・クライシス・レスポンス」（Google Crisis Response）を立ち上げ、被災者向けに生活情報や交通情報など震災関連情報を提供した [17]。特に、被災者の安否情報を検索・確認できる「グーグル・パーソン・ファインダー」が注目を集めた。安否情報は、岩手日報などの地方紙が被災者名簿として掲載したり、NHK教育放送がテレビで情報発信したりする事例が見られたが、安否情報は新聞やテレビなどの一方向的なマスメディアで流すよりも、災害用伝言ダイヤル「171」や、インターネットのように、双方向性のある通信メディアの方が適しているとも考えられる（福田, 1996）。他にもインターネットのポータルサイトとして、Yahoo! Japanは「Yahoo!ボランティア」で募金・ボランティア活動などの情報提供を行い [18]、gooもボランティア情報などの震災情報を提供した。一方で「YOMIURI ONLINE」などのネットニュース媒体でも震災後、安否・支援情報サイトが開設

された。アマゾンの「ほしい物リスト」では、被災者が必要としている物資や商品のリストを掲示し、支援したい利用者がそれを購入すると被災地に直接配送されるという仕組みが構築された。

　民間プロジェクトとして発生した「助け合いジャパン」は、3月18日にFacebookページ、22日には本サイトを開設。内閣官房震災ボランティア連携室と連携してNPO・NGO、ソーシャル・メディアの情報を統合し、被災地とそれ以外との地域を結ぶ取り組みである。ボランティア情報をデータベース化し、ネット上で公開した「助け合いジャパン　ボランティア情報ステーション」も運営された（平，2011）。

　このように、震災後にインターネット上で行われた支援活動は、安否情報や交通情報、生活情報など被災者への情報提供として役立っただけでなく、実際のボランティアや募金、物資の提供など具体的な支援活動を行うための道具として役立った側面があったことがわかる。災害時のインターネットの特徴として中森（2008）は、①テレビのような同時性と説得性、②新聞のような詳細性と記録性、③広報紙やチラシのような容易な情報量の送出、④情報量の多さを挙げている。このようなインターネットのメディア特性は、従来のメディア機能をすべて網羅しているように考えられる。こうしたインターネットの幅広い可能性を活かした災害時の利用がさらに検討されるべきであろう。

2.3.2　震災でのTwitterの活躍

　東日本大震災後、被災地外の関東圏でも輻輳を回避するための通信規制がかかったため、携帯電話の通話やメールが通じにくい状況が発生した。しかしながら、携帯電話やスマートフォンでもTwitterを利用できる状態であったため、この東日本大震災でTwitterが活用され、より注目を集めることになった。Twitterは、つぶやき（ツイート）を140文字以内の言葉で書き込み、友人・知人などのフォロワーと気軽にメッセージ交換し交流するサービスである。実際にメディアの報道でも、震災直後からTwitterが安否の確認などのコミュニケーションに活用された事例がたくさん報道されている。実際に大地震が発生

した3月11日、福田充研究室の教員、学生も大学のキャンパスにいたが、携帯電話の通話もメールも使えなかったため、Twitterでお互いに無事を確認でき、交通機関が不通になり帰宅困難者となったため、大学のキャンパスで安全を確保し、キャンパスにて全員で一泊することになった[19]。大震災におけるTwitterのこのような活用例は数え切れないほど無数にあるだろう。

　Twitterによって広まった震災の支援や活動もある。たとえば、節電を呼びかけた通称「ヤシマ作戦」では、東京電力が計画停電を発表する前日の12日、電力消費がピークとなる夕方の節電を呼びかける運動がTwitterで広まった。「ヤシマ作戦」とは、アニメ番組「新世紀エヴァンゲリオン」の中で登場する作戦であるが、この節電への呼びかけは、3月12日にはこのワードを含む15万3928件のツイートが発生した。このようにヤシマ作戦以外にも、Twitterで「拡散希望」のメッセージがリツイート機能を使ってフォロワーを通じて拡散されていく現象は数多く発生し、安否情報や交通情報、生活情報やボランティア情報がやりとりされた。個人やNPOなどだけではなく、岩手県や宮城県などの地方自治体、また首相官邸や省庁などの政府機関も、東日本大震災に関連する災害情報をTwitterで発信したことで、公的な情報も個人に対して直接コミュニケーションされるようになった。Twitterが震災という緊急事態においてコミュニケーションのバックアップ機能を果たしていたといえる。

　津田（2009）はTwitterの特徴として、①リアルタイム性、②強力な伝播力、③オープン性、④ゆるい空気感、⑤俗人性が強い、⑥自由度が高いことを挙げている。しかし、Twitterには問題点もある。斉藤（2011）は先に挙げたTwitterの特徴の中でオープン性、ゆるい空気感、俗人性が強い、自由度が高いという特性は、マイナス面にも繋がる要因であるとしている。Twitterの特徴であるゆるさやリアルタイム性は、無意味なメッセージを大量生産させ、一部の人に軽率な失言や露悪的で幼稚なふるまいを引き起こすように、かつては起こり得なかったような摩擦や衝突を引き起こしていることも確かである。また、情報源がわからない、信憑性のない情報やデマが発生することも問題であり、利用者にメディア・リテラシーが要求されるメディアであるといえる。今

回の震災で見られた新しい現象は、メールだけでなく、ソーシャル・メディアを通じて多くデマが流れたことである。その代表的な事例がコスモ石油千葉製油所の火災に関連して「有害物質が雨などと一緒に降る」というデマである。このデマはメールや Twitter を通じて短期間で拡散した。コスモ石油は「人体に及ぼす影響は非常に少ないと考えています」とプレスリリースを出す事態となった。また、「放射性物質はヨウ素入りのうがい薬を飲むと効果がある」というデマが流れ、放射性医学総合研究所がホームページなどから注意を呼びかける事態も発生した（藤代, 2011）。

2.3.3　震災でのソーシャル・メディアの利用実態

東日本大震災後に災害関連の情報を得るためにインターネットや SNS を利用した人はどれくらいいたのだろうか。福田充研究室の調査によると、震災関連の情報を得るためにインターネットを使った人は 26.0％いたことがわかった（図表 2.15）。震災後、4 人に 1 人はインターネットを使って情報を得ていたことがわかる。また、Twitter や Facebook などの SNS は 5.4％と全体的に見るとあまり利用されていないことがわかる。東日本大震災後、社会的にも非常に注目されたソーシャル・メディアであるが、社会全体で見るとまだまだ利用者の数は少ないのが実態である。

利用者のデモグラフィック属性とクロス分析を行ったところ、インターネット、SNS の利用ともに性別の男女差は存在しなかった。しかしながら、年代

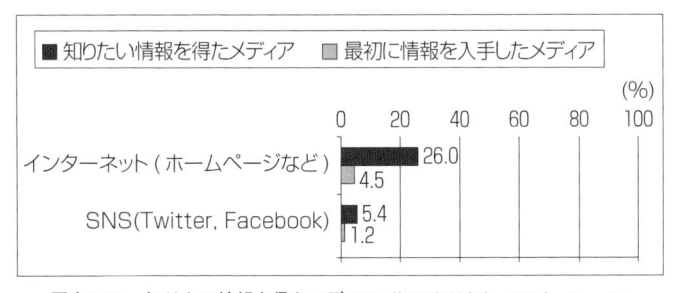

図表 2.15　知りたい情報を得たメディア（福田充研究室, 2011）　N = 404

とのクロス分析をした結果、年齢差が非常に大きいことが明らかになった。10代はインターネットを利用した人が42.3％、20代で52.8％、30代で35.3％、40代で29.9％、50代で22.2％、60代で14.1％、70代で4.8％と年代が若い人ほどインターネットを利用したことがわかった（χ^2検定，統計的有意水準：p＜0.001）。また、SNSの利用と年代をクロス分析した結果、10代でSNSを利用している人が30.8％、20代で13.9％、30代で8.8％、40代で1.3％、50代で2.8％と若い人ほどSNSを利用したことがわかる（χ^2検定，統計的有意水準：p＜0.001）。つまり、SNS、ソーシャル・メディアを利用しているのは、ほとんどが10代、20代であり、30代以上では少数派である。

では東日本大震災後、人々はソーシャル・メディアをどのように利用したのだろうか。IMJモバイル（2011）は、全国の20歳から59歳までの男女でTwitter、Facebookに登録している利用者を対象としたネット調査を行っている。地震発生後72時間以内にソーシャル・メディアで利用した内容をたずねた結果が、図表2.16である。Twitterの利用では「情報の収集」（83.5％）がもっとも多く、次いで「情報共有」（47.5％）、「友人・知人の状況確認」（39.1

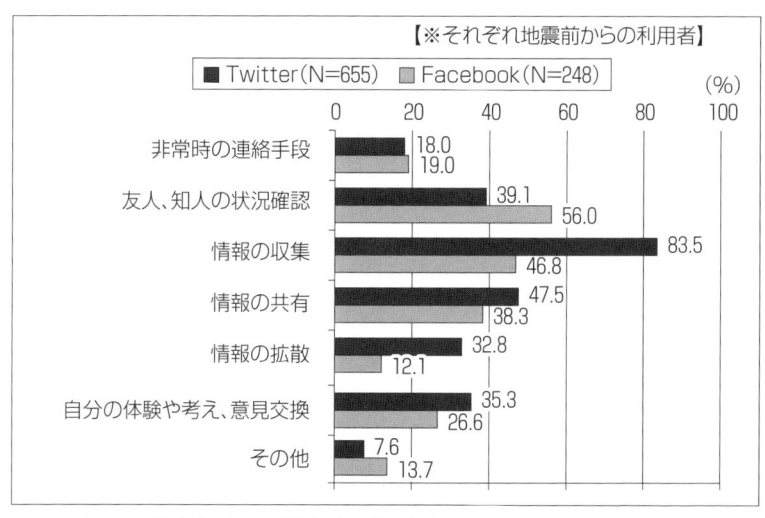

項目	Twitter(N=655)	Facebook(N=248)
非常時の連絡手段	18.0	19.0
友人、知人の状況確認	39.1	56.0
情報の収集	83.5	46.8
情報の共有	47.5	38.3
情報の拡散	32.8	12.1
自分の体験や考え、意見交換	35.3	26.6
その他	7.6	13.7

【※それぞれ地震前からの利用者】

図表2.16　地震発生後72時間以内の利用内容（複数回答）（IMJモバイル，2011）

%)、「自分の体験や考え、意見の共有」(35.3%)、「情報の拡散」(32.8%)、「非常時の連絡手段」(18.0%) と続いている。Facebook では「友人・知人の情報確認」(56.0%) がもっとも多く、次いで「情報の収集」(46.8%)、「情報の共有」(38.3%)、「自分の体験や考え、意見の共有」(26.6%)、「非常時の連絡手段」(19.0%)、「情報の拡散」(12.1%) と続いている。また、ソーシャル・メディアへの評価をたずねたところ、地震発生時に利用した際、「役に立った」「やや役に立った」と感じた利用者は Twitter では 78.5%、Facebook では 62.1% にのぼり、Twitter や Facebook を普段から利用している人たちにとって、震災時の SNS 利用は高く評価されていたことがわかる（IMJ モバイル，2011）。

　ソーシャル・メディアの問題点は、現段階で利用者が年代的に偏っていることだけではない。デジタル・デバイド（情報格差）を発生させないようにするためには、メディア・リテラシーがなくても簡単に使えるユーザビリティ（利用しやすさ）が必要であり、また Twitter に代表されるように 140 文字でしかツイートできないという、情報量の制約という問題もある。ソーシャル・メディアはそれだけで完全であるわけではないが、これまでの一方向的なテレビや新聞といったマスメディアを補完する、コミュニケーションのバックアップ機能を果たすことが可能である。さまざまなメディアが連携し、メディア機能として棲み分けながら最適なコミュニケーションを実現していくことが、災害時のコミュニケーションでも求められている。まだ始まったばかりのソーシャル・メディアにはまだまだ可能性が秘められているのである。

3章
震災のための支援活動

3.1 震災後の意識・人間関係の変化

　東日本大震災で被災者となった主に東北3県の住民にとって、大地震と大津波は現実的に経験した大災害であり、その結果、被災者の生活や意識、人間関係には大きな変化が発生したはずである。東日本大震災ではこの東北3県と比べれば相対的に軽微だったものの、関東圏にも多くの被害が発生した。また、関東圏の住民は震災後も、ガソリンなど生活物資の不足、計画停電などによる電力の不足など、間接的な影響を受けた。また、被災地以外の都道府県住民にとっては、東日本大震災はテレビや新聞、インターネットというメディアを媒介して経験したメディア経験であり、そうしたメディア経験として東日本大震災を受容した人々にとっても、さまざまな意識や生活行動、人間関係の変化が発生したと思われる。この節では、震災後の人々の意識や生活行動、人間関係の変化について考察する。

3.1.1 震災後の不安意識

　東日本大震災が発生して、まず人々の感情に現れたものは何だったのだろうか。福田充研究室の調査結果を見ると、82.7％の人が「家や家族のことが心配になった」と回答し、50.0％の人が「余震がいつくるか心配になった」と回答していることがわかる（図表3.1参照）。東京都民にとっては、この地震がどこで発生してどのような影響が出ているかメディア報道に接するまで把握できなかったため、「どのような規模の地震かわからず混乱した」という人も34.7％

存在している。つまり、震災の発生後多くの人々が離れている家族や家のことを心配し、これからの余震の見通しを心配したことがわかる。また、震災直後のメディア報道を見た後、40.3％の人が「原発の報道を観て、不安を感じた」と回答し、32.7％の人が「車が津波に飲み込まれる映像を観て、不安になった」ことがわかる。このように、大地震や大津波、原発事故といった災害の情報を得ることは非常に重要で、そのためにメディア報道に接することは極めて重要なことであるが、その反面、そうしたメディア報道によって被害の実態を知ることで、人々の心の中に不安という感情が発生することがわかる。

不安（anxiety）は人が持つ感情の一種で、自分を取り囲む環境の中で危機や危険を認知したときに発生する。その危機を認知したときに発生する心理的反応としての不安感は、①危機の規模が大きいと認知されるとき、②危機に関する情報の不確定度が高いとき、③不安に対する対処、コントロールの余地が小さいと認知されるときに増大する（福田, 2010）。

さらに危機に対する不安感は、メディアやコミュニケーションにより適度な恐怖を与えられることによって、また適切な対応行動が指示されることによって、リスク回避行動をもたらす説得的効果につながることがある。また一方で、与えられた恐怖が大きすぎた場合、いたずらに不安感を高めることによりパニ

項目	%
家や家族のことが心配になった	82.7
どのような規模の地震かわからず、混乱した	34.7
余震がいつくるか心配になった	50.0
車が津波に飲み込まれる映像を観て、不安になった	32.7
原発の報道を観て、不安を感じた	40.3

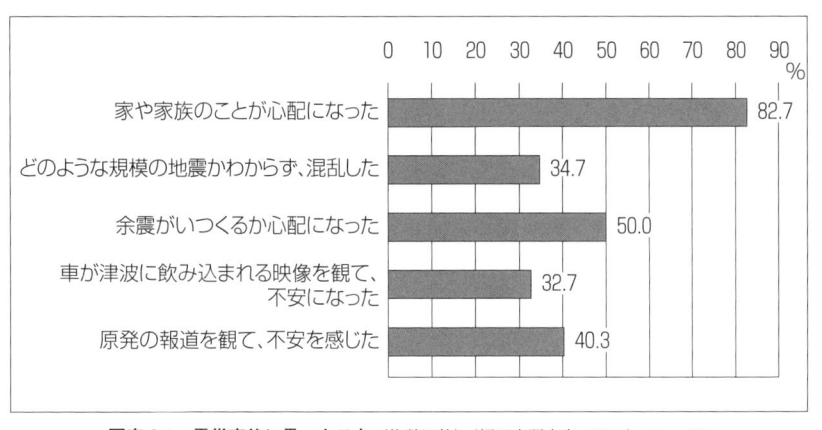

図表 3.1 震災直後に思ったこと（複数回答）（福田充研究室, 2011） N = 404

ックを引き起こすことや、リスク回避行動などの適正な対応行動が全面的に制止されることがある。危機に対する不安感は、リスクに関する心理的プロセスの中で中心的な役割を果たす変数であると同時に、その後のリスク回避行動やパニックの原因となり、また両者を分かつターニングポイントにもなる重要な意識であるといえる（福田, 2010）。

ではさらに、人々がどのような不安を具体的に持っていたのかを見ると、福田充研究室の調査によれば、図表3.2のような結果が得られた。「とてもあてはまる」と「ややあてはまる」を合わせた数字で比較すると、「これからさらに大きい地震があるのではないかと不安だ」と回答した人が91.6％、「政府や自治体が復興に向けてしっかりと対策をしてくれるかが不安だ」と回答した人が91.9％いて、今後も続く新しい地震や余震に対する不安や、政府の復興対策に対する不安が強く認知されていることが明らかとなった。また、福島第一原発事故を受け、原発問題に対する不安意識を持っている人が多いことがわかった。「福島第一原子力発電所の今後の推移が不安だ」と回答した人が91.9％、

項目	とてもあてはまる	ややあてはまる	あまりあてはまらない	全くあてはまらない	NA
これから更に大きい地震があるのではないかと不安だ	56.7	34.9	5.9	2	0.5
政府や自治体が復興に向けてしっかりと対策をしてくれるかが不安だ	62.9	29	5.4	2	0.7
福島第一原子力発電所の今後の推移が不安だ	67.1	24.8	4.5	3	0.6
原発停止を受けて、これからの電力不足が不安だ	37.4	45.5	12.9	3.5	0.7
全国の原子力発電所の安全性が不安だ	48.5	37.1	9.4	4.5	0.5
自分や家族が放射能に汚染されているかが不安だ	20.3	31.2	34.9	12.6	1.0
放射能に汚染された食品を知らずに食べているのではないかと不安だ	21.0	32.4	32.9	12.6	1.1
自分がまだ知らない重要な事実があるのではないかと不安だ	36.9	38.1	19.1	5.2	0.7
今後の日本経済が不安だ	59.9	33.7	4.5	1.5	0.4

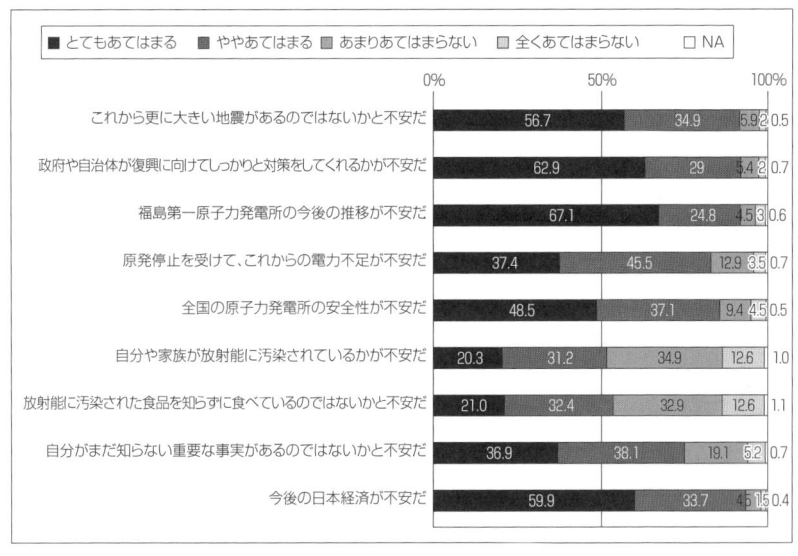

図表 3.2 震災後の不安意識（福田充研究室, 2011） N = 404

「全国の原子力発電所の安全性が不安だ」と回答した人が 85.6%、「原発停止を受けて、これからの電力不足が不安だ」と回答した人は 82.9% である。これらの極めて高い値と比較すると相対的に低く見える数字ではあるが、放射性物質やそれに汚染された食品に対する不安を感じる人も多く、「自分や家族が放射能に汚染されているかが不安だ」と回答した人が 51.5%、「放射能に汚染された食品を知らずに食べているのではないかと不安だ」と回答した人は 53.4% いることがわかった。さらに、こうした大地震の復興や原発事故の影響によって、「今後の日本経済が不安だ」と回答した人は 93.6% にものぼっている。

ジャパン・マーケティング・エージェンシー（2011）が震災後の3月中に実

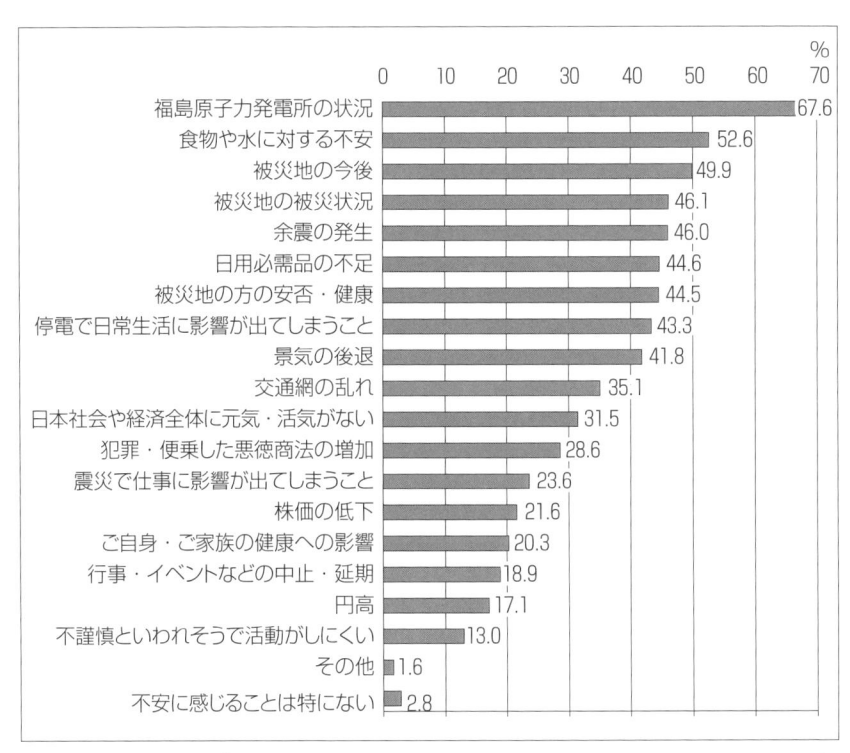

項目	%
福島原子力発電所の状況	67.6
食物や水に対する不安	52.6
被災地の今後	49.9
被災地の被災状況	46.1
余震の発生	46.0
日用必需品の不足	44.6
被災地の方の安否・健康	44.5
停電で日常生活に影響が出てしまうこと	43.3
景気の後退	41.8
交通網の乱れ	35.1
日本社会や経済全体に元気・活気がない	31.5
犯罪・便乗した悪徳商法の増加	28.6
震災で仕事に影響が出てしまうこと	23.6
株価の低下	21.6
ご自身・ご家族の健康への影響	20.3
行事・イベントなどの中止・延期	18.9
円高	17.1
不謹慎といわれそうで活動がしにくい	13.0
その他	1.6
不安に感じることは特にない	2.8

図表 3.3　震災で不安に感じていること（複数回答）（ジャパン・マーケティング・エージェンシー，2011）

N = 800

施した調査によれば（図表3.3参照）、人々が不安に感じていた点は、「福島原子力発電所の状況」が67.6％ともっとも高く、次いで「食物や水に対する不安」が52.6％、「被災地の今後」（49.9％）、「被災地の被災状況」（46.1％）と続いている。自分自身の生活にも直接関係してくる、「日用必需品の不足」は44.6％、「停電で日常生活に影響が出てしまうこと」が43.3％、「景気の後退」も41.8％、「交通網の乱れ」で35.1％と、生活環境のさまざまな部分で発生してくる震災の影響に対して、幅広く不安を感じていることがわかる。これらの人々の不安意識が、人々の生活行動にどのような影響を与えたか、買いだめや自粛騒動、放射線ストレス、風評被害などさまざまな影響について4章で考察を行いたい。

このように多くの人々が不安を感じていたが、その不安を前向きにとらえる声もあったことも事実である。博報堂生活総合研究所（2011）の調査によせられた生活者の声では、「不安だが、腹が据わった」や「文句を言わずに生活する」といった意見も紹介されている。この調査の結果について考察すると、「世の中に気がかりなこと・不安なことが多い」という項目の時系列変化を見ると、

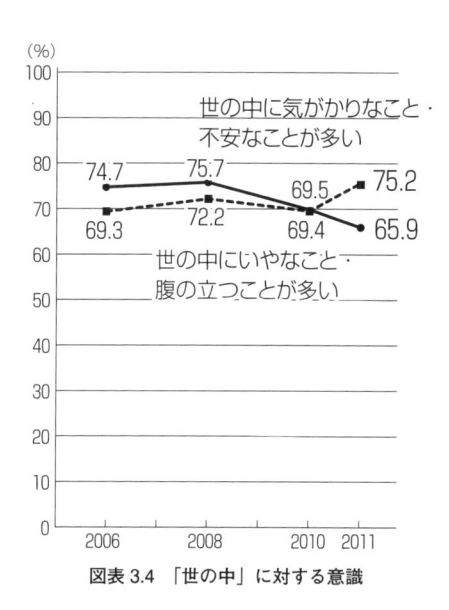

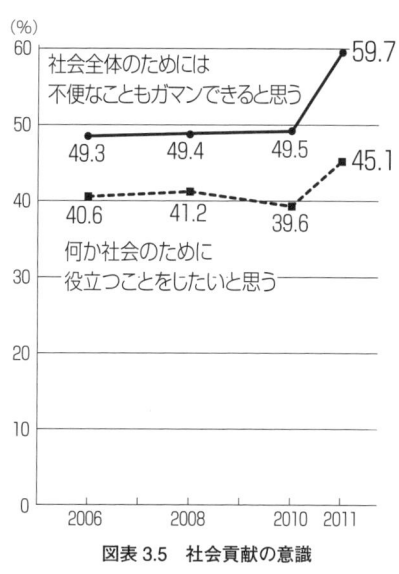

図表 3.4　「世の中」に対する意識

図表 3.5　社会貢献の意識

（博報堂生活総合研究所, 2011）　N = 2355

震災後の 2011 年で 75.2％に上昇している（図表 3.4 参照）。しかしながら、一方で、2006 年からほとんど変化のなかった「社会のためには不便なこともガマンできると思う」という項目が 2011 年に 59.7％に上昇し、「何か社会のために役立つことをしたいと思う」という項目も 2011 年で 45.1％と上昇していることがわかる（図表 3.5 参照）。このように、震災後、人々は不安を感じているものの、社会のために我慢しようと思う意識、社会のために役立つことをしたいという前向きな意識が発生したと解釈することができる。こうした震災後の意識の変化がもたらした、震災への人々の支援意識、支援行動についてこの 3 章で引き続き考察したい。

3.1.2 震災後の価値観、人間関係の変化

『AERA』2011 年 6 月 6 日号には、ショッキングな震災の影響が報じられる特集記事が掲載された。「416 人意識調査『震災後』夫婦の闇と灯」という記事で、東日本大震災の後、夫婦の間にさまざまな心境の変化が発生したというアンケート調査結果がここで報告されている[20]。この記事で紹介されている調査（首都圏の 20〜59 歳の既婚者を対象にしたインターネット調査）では、「震災をきっかけに離婚（別れ）について考えた」人が 15.1％、「震災直後、配偶者への不満」がある人が 25.7％、「震災直後、配偶者にこうしてほしかったという要望」がある人が 23.6％と、結婚関係について考えた人が多いことが明らかとなった。また、一方で震災を経て「配偶者との絆は深まったか」という質問に対しては、「かなり深まった」「やや深まった」を合わせて 25.0％の回答があり、「絆は感じられない」の 2.2％を大きく上回った。このように関係の深まった夫婦もおり、震災が夫婦関係に与えた影響は多様である。

また震災後、一人暮らしの若者や未婚の男女の中では結婚願望が強まったという言説も多く紹介されている。結婚情報紹介サービス会社のオーネットでは、入会資料の請求件数が 2011 年 4 月で前年比約 12％増加し、関東圏の女性に限定すると 24％増加したという（朝日新聞、2011 年 5 月 15 日朝刊 38 面）。また、結婚情報センター「ノッツェ」では、郡山支店で震災前と比較して新規加入者

66　3章　震災のための支援活動

が5割増えた。このように、大震災の不安を一人で経験した未婚者の中で、確かな安心を求めて結婚願望が高まったという現象が発生したのかもしれない。

	とてもあてはまる	ややあてはまる	あまりあてはまらない	全くあてはまらない
震災後、夫もしくは妻との絆が深まった（既婚者）	11.0	40.4	39.7	8.9

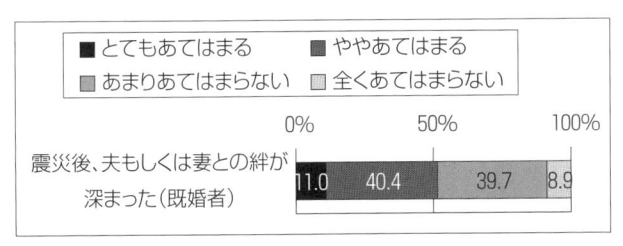

図表 3.6　既婚者の結婚観の変化（福田充研究室, 2011）N = 272

	とてもあてはまる	ややあてはまる	あまりあてはまらない	全くあてはまらない
結婚願望が強くなった（未婚者）	12.3	22.2	34.6	30.9

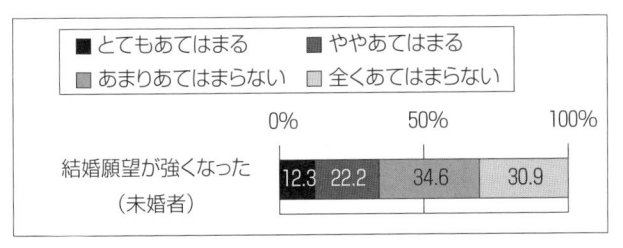

図表 3.7　未婚者の結婚観の変化（福田充研究室, 2011）N = 81

	とてもあてはまる	ややあてはまる	あまりあてはまらない	まったくあてはまらない	NA
近隣住民とのコミュニケーションを大切にするようになった	11.6	34.2	42.1	11.4	0.7
家族と話す時間が増えた	13.1	43.6	34.7	7.4	1.2
家族で協力することが多くなった	10.4	43.1	38.9	6.7	0.9
家族の絆や身近な人々との絆を今まで以上に大切にしようと思う	27.5	45.8	21.5	4.0	1.2

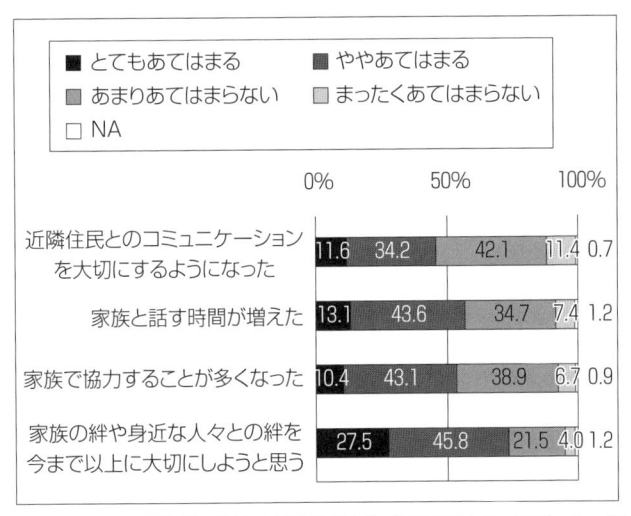

図表 3.8　震災後の人間関係に関する価値観の変化（福田充研究室, 2011）N = 404

福田充研究室の調査でも、既婚者のみに対する質問「震災後、夫もしくは妻との絆が深まった」に対して、「とてもあてはまる」「ややあてはまる」を足し合わせた回答は51.4％で（図表3.6参照）、約半数の人が夫婦との絆が深まったと回答している反面、残り半数の人があてはまらないと回答している結果となった。また、未婚者のみに対する質問で「結婚願望が強くなった」と回答した人は34.5％いたように、やはり震災後に結婚願望を持った未婚者はある一定の割合で存在したことがわかる（図表3.7参照）。

　また、結婚観や夫婦観だけではなく、家族や近所付き合いなどのコミュニティに対する意識にも変化が発生したようである。福田充研究室の調査によると、「近隣住民とのコミュニケーションを大切にするようになった」と回答した人が45.8％（「とてもあてはまる」と「ややあてはまる」を足し合わせた数値。以下同様）、「家族と話す時間が増えた」と回答した人は56.7％、「家族で協力することが多くなった」と回答した人は53.5％、「家族の絆や身近な人々との絆を今まで以上に大切にしようと思う」と回答した人にいたっては73.3％にのぼった（図表3.8参照）。大震災は、家族や近隣住民との関係やコミュニケーションを見直すきっかけになったようである。

　一方で、家族や夫婦といった生活空間だけでなく、職場の仕事観にも変化が現れたという報告がある。守島（2011）が紹介するプレジデント社調査によれば、大震災後、「仕事を通じて社会貢献をしたいと考えるようになった」と回答した人が56.9％、「安定した給料より、自己実現ができる職に就きたいと考えるようになった」と回答した人が31.4％と、社会貢献や自己実現の意識が高まった傾向が指摘されている。また同じ調査で、仕事のモチベーションの源泉となるものが、「社会や他の人々に貢献できること」（19.3％）や、「仕事自体の面白さ」（36.5％）の項目で上昇傾向にあることが明らかになった。

3.1.3　支援意識と支援行動

　佐藤（2011）は、（公財）吉田秀雄記念事業財団が実施するオムニバス調査の結果から、東日本大震災後の生活やものの考え方のもっとも大きな変化のひと

つとして、79.0％の人が「節電など、環境問題やエコに対する意識がより強まった」と回答していることを挙げている（男性76％、女性81％）。「ボランティアなど、何か自分にできる貢献をしたいと思うようになった」という意識の変化が50代女性を中心に高くなったことを紹介している。

東日本大震災が発生して、被災地外の人々の中で、被災地や被災者を支援したいという意識が高まったといわれている。大震災が発生すると、国内だけでなく、国外からも、支援物資の提供や、義援金の募金、ボランティア活動などさまざまな支援活動が行われる。こうした支援活動は、人々の中で発生する「支援したい」という支援意識から発生するものである。このように、震災後に人々の中に助け合いの意識が発生し、相互扶助的な高揚感が高まる現象のことを、ソルニット（2009）は「災害ユートピア」と呼んでいる。大震災は利己的な行動を発生させるよりも、利他的な支援意識や支援行動を発生させる側面があるということである。福田充研究室の調査でも、こうした災害ユートピア的な心理現象に関する支援意識について質問している。「報道により東北の人たちの為に支援したいという気持ちが増した」という回答（「とてもあてはまる」と「ややあてはまる」の回答を足し合わせた数値）が87.4％、「震災直後、被災者の役に立ちたいという気持ちになった」という回答が87.9％、「テレビやネット等で

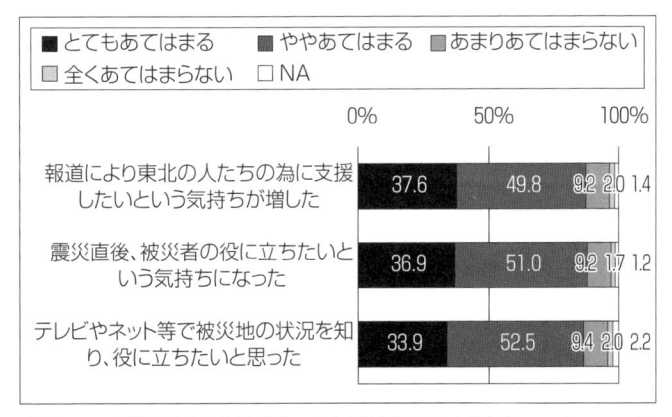

図表3.9　震災で発生した被災地への支援意識（福田充研究室, 2011）N = 404

被災地の状況を知り、役に立ちたいと思った」という回答が86.4％と、大部分の人の中で、被災地や被災者の支援をしたいという意識が発生したことがわかる。これらの支援意識に関する項目について、いずれも90％程度があてはまると答えている（図表3.9参照）。

では、「被災地や被災者を支援したい」という支援意識がどれくらい実際の支援行動につながったのだろうか。社会福祉法人全国社会福祉協議会（2011）によれば、震災発生から12月末までで、延べ82万3300人がボランティアとして東北3県に足を運んだことが明らかになっている。これは各市町村に配置された災害ボランティアセンターを経由して登録された人数であるため、その他にNPO等を通じてボランティア活動した人を換算すると、さらに多くの人がボランティア活動をしたということになるという。

また義援金に関しては、日本赤十字社のHPによると、日本赤十字社が受け付けた義援金の件数は263万4905件、金額にして3035億9570万2635円であった（2011年12月14日現在）。1995年1月17日に発生した阪神淡路大震災時の義援金は、1996年1月31日の受付窓口閉鎖までで264万5040件、金額にして1006億7897万1076円だったことと比較しても、今回の震災に関する義

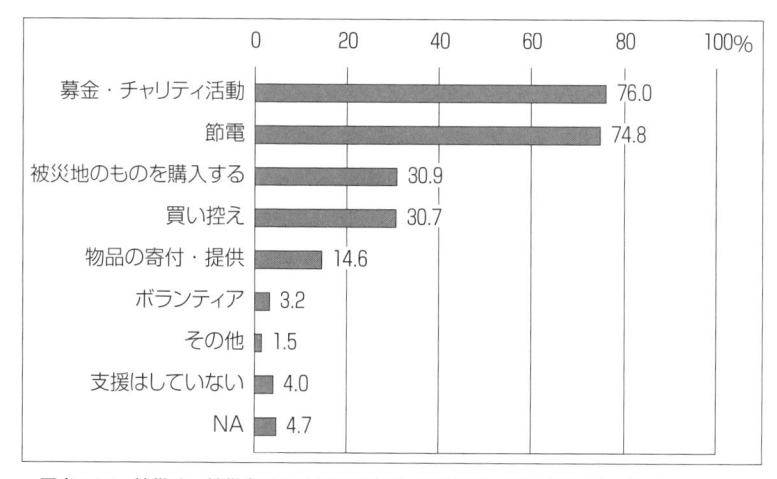

図表3.10 被災地・被災者のための支援行動（複数回答）（福田充研究室，2011）N = 404

援金の多さがわかる。また、義援金もボランティア同様、個人や他の機関から送金した人などを考慮すると、さらに大きな額になる。このように日本全国、または海外からもボランティアや義援金などの支援が被災地によせられたのである。

福田充研究室の調査結果でも、東京都民の76.0％の人が募金やチャリティ活動に参加し、30.9％の人が被災地のものを購入している。物品の寄付・提供は14.6％、ボランティアは3.2％と比較的少ないが、それでも全体のこれだけの割合の人々が支援することで、非常に大きな支援につながることがわかる。また、社会の混乱や電力不足に協力するために、74.8％の人が節電を実施し、30.7％の人が買い控えを行ったことがわかった（図表3.10）。

このように、人々の中で発生した被災地、被災者への支援意識は多様な支援行動につながったことがわかる。それでは、具体的にはどのような支援行動が発生したか、引き続き3章では東日本大震災におけるさまざまな支援活動の実態について考察したい。

3.2 チャリティ活動・募金

東日本大震災後、全国各地で支援の輪が広がり、さまざまなチャリティ活動が行われた。そのチャリティ活動は募金活動だけでなく、有名アーティストらによる復興支援ライブや、スポーツ選手によるチャリティ・マッチ、企業や団体、個人による物品の寄付など多岐にわたる。こういったチャリティ活動をテレビや新聞などのメディアが報道し、人々が目にすることでさらに支援が広がったというのも、震災におけるチャリティ活動の大きな特徴だといえる。本節では、多くのスポーツ選手や有名アーティストが実際に行ったチャリティ活動や募金活動を紹介する。

3.2.1 スポーツ界のチャリティ活動

まず初めに、スポーツ界で行われたチャリティ活動を紹介する。スポーツ選

図表 3.11　スポーツ界における震災後のチャリティ活動の一部

【試合などのイベント】
①　［サッカー］チャリティ・マッチ　サッカー日本代表　VS　Jリーグ選抜チーム
②　［野球］「プロ野球 12 球団チャリティーマッチ　―東日本大震災復興支援試合―」
③　［フィギュアスケート］チャリティー演技会
【義援金の寄付】
④　［野球］イチロー選手が 1 億円寄付
⑤　［野球］松井秀喜選手が 5000 万円寄付
⑥　［野球］松坂大輔選手が 8000 万円寄付
⑦　［サッカー］本田圭佑選手が 5000 万円寄付
【チャリティ・オークション、物品の寄付など】
⑧　［野球］松坂大輔選手が 500 ミリリットルの飲料水 10 万本を寄付
⑨　［野球］プロ野球楽天、特別ユニフォームをチャリティ・オークションで販売
⑩　［サッカー］本田圭佑選手がサッカーボール 200 個を被災地の子どもたちへ寄贈
⑪　［サッカー］Jリーグの東北出身の選手で「東北人魂を持つJ選手の会」を発足

手による義援金の寄付やチャリティ・オークション、またスポーツ用具を被災地へ送るといった内容が多かった。また 3 月末に行われたチャリティ・マッチもテレビで生中継されて話題となった。図表 3.11 はこれから紹介する事例の一部をまとめたものである。

　2011 年 3 月 29 日、「東北地方太平洋沖地震復興支援チャリティマッチがんばろうニッポン！」と銘打って、サッカー日本代表とJリーグ選抜チームの試合が大阪・長居スタジアムで開催された。試合当日の会場には観客 4 万 613 人が集結し、試合の後半には 44 歳の三浦和良選手がゴールを決めて話題となった。この試合の収益と、会場で集めた募金は義援金として被災地に送られた（朝日新聞、2011 年 3 月 30 日朝刊 32 面）。また、当日の試合の模様はテレビ中継され、仙台地区での視聴率は関東地区や関西地区を上回ったという（日刊スポーツ、2011 年 3 月 31 日 16 面）。

　野球界では、大リーグの松坂大輔選手が奪三振の数に応じて寄付をする慈善活動を子ども向けのチャリティとして継続的に行っており、今季はその一部を

東日本大震災の援助に回すと発表した。彼の呼びかけにより、所属球団であるボストン・レッドソックスも寄付活動を行っている。スポンサーの食品会社を通じ、被災地へ500ミリリットルの飲料水10万本を寄付したことが報じられている（スポーツ報知、2011年5月11日4面）。また松坂選手自身も義援金として球団を通じて100万ドル（約8000万円）を日本赤十字社に寄付している。他にも大リーグの日本人選手ではシアトル・マリナーズのイチロー選手が1億円、オークランド・アスレチックスの松井秀喜選手が5000万円の寄付を行っている（中日新聞、2011年3月27日朝刊25面）。海外で活躍している野球選手の被災地支援がメディアを通じて注目された。

　国内のプロ野球においてもチャリティ活動が盛んであった。日本野球機構では、復興支援事業が行われた。4月2日、3日の2日間にわたって、プロ野球12球団によるチャリティ・マッチを開催し、試合で実際に使用したサイン入りボールを被災者に贈った。また、被災地の宮城県を本拠地とする楽天イーグルスは、セ・パ交流戦の主催4試合で実際に使用したユニフォームをチャリティ・オークションで販売し、その収益を震災孤児に寄付した（朝日新聞、2011年5月3日朝刊23面）。

　2011年5月7日には愛知県豊橋市のアクアリーナ豊橋でフィギュアスケートのチャリティ演技会が開かれた。2010年の世界選手権で世界女王となった浅田真央選手や小塚崇彦選手らが出場し、4600人のファンが詰めかけたという（朝日新聞、2011年5月8日朝刊32面）。

　サッカー日本代表の本田圭佑選手は自身のホームページ上に基金を設立して被災者の支援活動を行っている。また本田選手が出演しているCM、スポーツ飲料の「アクエリアス」の撮影で使用したサッカーボール200個を被災地の子どもたちに贈るという支援を行った（デイリースポーツ、2011年6月7日9面）。また本田選手自身も個人で義援金として5000万円を、日本赤十字社を通じて寄付していたという。

　また、サッカーJリーグの東北出身の選手らは「東北人魂を持つJ選手の会」を発足させた。この会は被災した東北サッカー界を支援するためにFC東京の

今野泰幸選手、鹿島アントラーズの小笠原満男選手らの東北出身のJリーガー23人によって結成された。サッカー用品提供や子どもの試合招待、被災地のサッカー復興を支援する「東北サッカー未来募金」のPRを行い、被災地の支援にあてると伝えられている（朝日新聞、2011年5月20日朝刊17面）。

3.2.2 芸能界からの支援活動

　タレントや有名アーティストなど芸能人によるチャリティ・イベントも数多く行われた。募金活動はもちろん、チャリティの楽曲を発売してその収益を寄付したり、チャリティ・コンサートを行ったりするなど、その形態はさまざまである。これらがマスメディアによって報道されて話題となり、さらに支援が活発化した。

　芸能事務所アミューズ所属の歌手や俳優らは「チーム・アミューズ!!」を結成した。震災後、アミューズ所属アーティストであるサザンオールスターズの桑田佳祐を中心にチャリティ企画を話し合う中で、所属アーティストがこのスペシャルユニットを結成し、歌うという企画が生まれた。楽曲「Let's try again」のテーマ部分は桑田が作詞・作曲を担当し、そのテーマ部分から、サザンオールスターズ「勝手にシンドバッド」、福山雅治の「桜坂」、ポルノグラフィティ「サウダージ」、Perfumeの「ポリリズム」など参加歌手の代表曲14曲がメドレーミックスで続くという構成で、最後は今回のテーマ曲を全員で合唱するという内容である（日刊スポーツ、2011年4月7日18面）。この企画は、メディア報道でも多く紹介され、芸能界の震災支援のひとつの形として注目された。

　また、ジャニーズ事務所は、4月1日からの3日間、東京の代々木第一体育館前で大規模な募金活動を行った。この募金活動には、80人を超える所属タレントが参加したという。初日には嵐ら55人の所属タレントと60人のジャニーズJr.が集まり、2日目以降はSMAPなどが登場した。総勢84人のタレントと180人のジャニーズJr.が参加するという一大イベントとなった。このイベントに足を運んだのはファンの一部の女性だけでなく、若い男性や家族連れ、

幅広い層の参加者が訪れ、大行列になったという。この3日間で約10万1000人が集まったと伝えられている（サンケイスポーツ、2011年4月2日1面）。

　2011年3月に開催された第3回沖縄国際映画祭ではAKB48のメンバー12人が登場し、東日本大震災のためのチャリティ・トークイベントとスペシャルライブ、募金活動を行った。その時期に予定されていたライブが震災の影響で中止となったため、チャリティの主旨に賛同し、急遽このイベントに参加したと伝えられている。AKB48の楽曲「誰かのために」をチャリティ・ソングとして着うた等で販売する「誰かのためにプロジェクト」をスタートし、その収益を全額寄付している（サンケイスポーツ、2011年3月27日17面）。

　東日本大震災支援チャリティ・コンサートが人気ミュージシャン17組により大阪府万博記念公園で開催され、約1万5000人が参加したと伝えられている。このコンサートは、日本音楽制作者連盟、関西の音楽イベンター10社などで作る実行委員会が主催したもので、植村花菜、海援隊、スキマスイッチ、藤井フミヤ、渡辺美里ら17組のミュージシャンが参加した。被災者の顔が1日でも早く晴れるように「顔晴（がんば）ろうニッポン！手をつなごう関西！」というキャッチフレーズで開催され大成功に終わったという（朝日新聞、2011年5月15日朝刊35面）。

　このようにスポーツ選手や芸能人など著名人によるチャリティ活動や募金活動を中心に紹介してきたが、それ以外にも一般企業や団体、個人がボランティアとして行ったチャリティ活動、募金活動もたくさん存在した。福田充研究室の所属する日本大学も、「東北関東大震災被災者支援N.募金」として教職員や関係者から支援金を募集し、集まった1244万2756円を2011年7月に日本赤十字社に募金している。

3.2.3　数字で見るチャリティ活動

　ネット調査会社のマクロミル（2011）が4月に行った「東日本大震災（東北地方太平洋沖地震）にともなう生活支援に関するチャリティー・アンケート」では、被災地の被災者のために現在協力していること・今後したいことについ

て、もっとも回答が多かったのが、「義援金・災害募金への協力」の 82.9％であった。また、凸版印刷消費行動研究室（2011）が行った「東日本大震災の影響に関する意識調査」によると、人々が参加・協力した募金・チャリティ・ボランティア活動を知ったきっかけについては、全体的には「街頭・店頭での呼びかけ」の 48.7％や、「家族・親戚からの話を聞いて」の 42.8％と、直接的な経験から活動を知ることがきっかけの上位を占めている。しかしながら、「テレビ」も 40.1％、「PC（インターネット）」も 38.9％と、メディアを通じてチャリティ活動や募金を知った人も多く、こうしたチャリティ活動や募金の社会的な PR にメディアの力が大きく影響していることを明らかにしている。

　福田充研究室の調査でも、対象者の中で東日本大震災の被災者に向けて行った実際の支援として、もっとも多かったのが「募金・チャリティ活動」で 76.0％であった。「物品の寄付・提供」は 14.6％と比較的数値が低かったが、募金やチャリティ活動は被災者の支援として比較的簡単にできる手段であるため、幅広く多くの人々からの支援を受けることができる。芸能人やスポーツ選手などの著名人や、テレビ局や新聞などのマスメディアも協力、支援することで、さらに幅広くたくさんの支援を集めることが可能になったのである。

3.3　節電・クールビズ

　最大震度 7 の大地震と、予想をはるかに超える大きさで日本を襲った大津波。これらの東日本大震災によってもたらされた被害は人命や街の破壊だけでなく、電力の供給不足をもたらした。その原因は、大地震と大津波の影響で被災地にある複数の発電所が相次いで停止してしまうという事態が起きたためである。火力発電所だけでなく、原子力発電所も停止をよぎなくされ、福島第一原発、福島第二原発では、日本史上最悪の原発事故が発生した。そのため電力を使用する企業や家庭の需要量と、発電所が供給できる電力量のバランスがとれなくなってしまい、さらには、需要量が供給量を上回ると突然の大規模停電が起きてしまうというリスクも発生した。電力不足による大規模停電を回避するため

実施されたのが「計画停電」(輪番停電)である。そして、その計画停電とともに、企業や一般家庭に向けて、節電が大々的に求められた。メディアもこの計画停電を詳細に報じ、また節電を訴えるためのメディア報道やメディア・キャンペーンが実施された。その結果、人々はどのような節電意識を持ち、実際の節電行動をとったのだろうか、この節で考察したい。

3.3.1 計画停電

計画停電は時間帯と地域を区切り計画的に停電を実施するもので、2011年3月14日から28日の15日間にわたり実施された。この15日間以降計画停電は実施されていないが、今後も電力供給量は不安定と考えられるため、大規模停電の可能性があるなどのやむを得ない場合は再度計画停電が実施される可能性がある。今回、工場や事業所などといった電気をより多く使う産業界だけではなく一般家庭をも巻き込んで実施に踏み切った理由としては、近年一般家庭でも電気の需要が高まっているということが挙げられた。『経済産業省エネルギー白書2010』によれば、近年電気製品の普及によって家庭用を含む「民生部門」の電力需要が旺盛であり、総電力需要に占める「民生部門」の構成比は73年度の18.7%から2008年度の33.8%へと大幅に増えている(経済産業省,2010)。

この計画停電の結果、初日の3月14日、東京電力のコールセンターには苦情や問い合わせなどが約5万400件も寄せられたという。多くの人々にとって計画停電は初めての経験であり、またテレビや新聞、インターネットを通じたPRも時間的余裕のない中、十分ではなかったため、住民の中にも混乱が発生した。東京都内では3月15日から25日のうちの7日間、計画停電が実施された回数は151回にのぼった。信号機は累計で1万3184回も電気が消えた。計画停電の対象地域では重傷1件を含む人身事故5件、物件事故7件が発生している。また、信号機の電気が消えたことにより道路が混乱し、死亡事故も発生している(毎日新聞、2011年5月5日朝刊10面)。また、計画停電により企業のワークスタイルや、工場の操業体制も影響を受け、産業界を挙げて対策し、こ

3.3 節電・クールビズ

の計画停電を乗り切った。病院などの医療機関も計画停電の例外にはならない。病院にはバックアップ用の非常用電源が整っているが、非常用電源では通常電力の約3割程度しかカバーできず、病院によっては重篤患者用の医療器具装置や人工呼吸器などに使用を限定せざるを得なかったという。

このように半ば強制的に実施された計画停電だが、計画停電を経験した人はどのように感じ、どのように行動したのだろうか。野村総合研究所(2011)は「家庭における節電対策の推進」というテーマで計画停電や節電施策に関する実態を調査した。計画停電に対する準備・対策についての質問の結果を示したのが、図表3.12である。もっとも多かった回答が「懐中電灯や携帯ラジオ、電池などの非常備品を購入している」の76.0％、次に多かったのが「停電の前に食事の支度を済ませている」の59.0％、さらに「停電の前にパソコンなどの電気機器の電源をオフにしている」の58.0％、「停電の前に携帯電話やノート

項目	％
懐中電灯や携帯ラジオ、電池などの非常備品を購入している	76.0
停電の前に食事の支度を済ませている	59.0
停電の前にパソコンなどの電気機器の電源をオフにしている	58.0
停電の前に携帯電話やノートパソコンを充電している	46.0
停電の前に水を溜めている	43.0
冷蔵庫に保冷材を入れている	31.0
鉄道の運行情報を事前に調べている	30.0
通勤ラッシュのピーク時間帯をずらして出勤している	6.0
その他	5.0

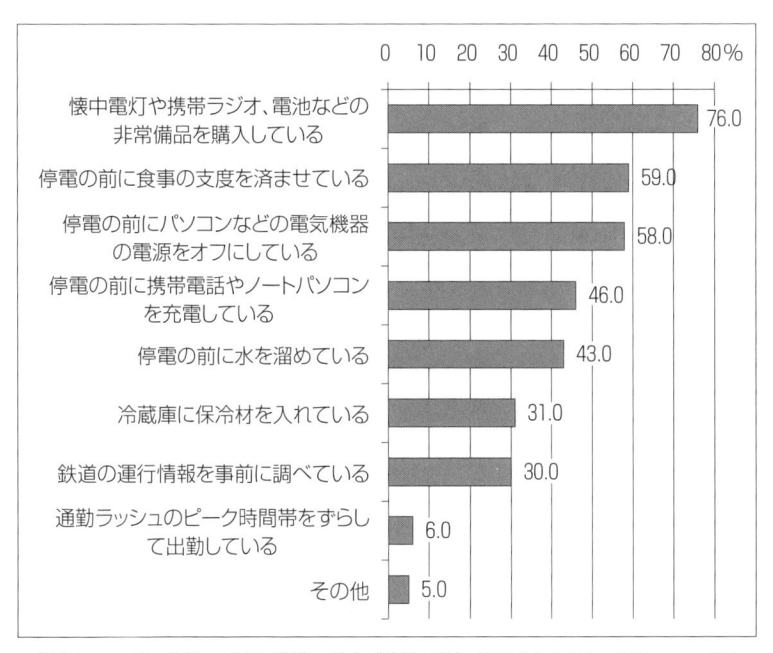

図表 3.12 計画停電に対する準備・対策 (複数回答) (野村総合研究所, 2011) N = 2366

パソコンを充電している」（46.0%）、「停電の前に水を溜めている」（43.0%）と続いている。比較的少なかったのは、「冷蔵庫に保冷材を入れている」の31.0％、「鉄道の運行情報を事前に調べている」の30.0%、「通勤ラッシュのピーク時間帯をずらして出勤している」の6.0%という項目である。このデータから、計画停電に対して対象地域居住者は入念な準備を行って、具体的な対応を実行したことがうかがえる。

3.3.2 節電対策

　計画停電の実施後から供給可能な電力量が徐々に回復してきたことと、企業などからの呼びかけを受けた国民が電力使用を控えたことが功を奏し、以前のような計画停電を実施しなければならないほどの電力状況ではなくなった。しかしながら、電力量が増加する夏を前にして、政府は5月13日、夏季のピーク時間帯において電力使用量を15%削減することを目指すと発表した。また、契約電力500kW以上の顧客に対しては電力使用制限を行うこととした。

　こうして、2011年は国を挙げた節電対策が実施されることとなった。節電の一環としてサマータイム（夏時間）などの策をとった自治体もあった。サマータイムは夏季に時計の針を1時間すすめ、始業時間を早める制度で、省エネ効果があるとされ、欧米など約70ヶ国が採用している。日本でも1948年に導入されているが、日本人の生活習慣に馴染まないとしてたった4年で打ち切られたという過去がある（読売新聞、2011年6月5日朝刊31面）。今回、サマータイムを実施した自治体や企業の例を見ると、東京都庁では、日暮れまでの明るい時間を有効活用し消費電力を抑える狙いでサマータイムを実施した。また、東京農工大でも6月20日から8月9日までサマータイムを導入し、授業の開始時間を45分繰り上げた。早く授業を終わらせ、夕方の消費電力を少なくするのが狙いであったという（朝日新聞、2011年5月31日夕刊7面）。企業でも節電のためのサマータイム導入は相次いだ。森精機製作所は奈良県や三重県などの製造拠点で就業時間を1時間半前倒しして午前7時から午後4時とした。三重県の伊賀事業所ではサマータイム導入から約1ヶ月で消費電力の2割カット

を実現して節電に成功した（読売新聞、2011年6月5日朝刊31面）。

　2011年の夏は、テレビ番組や新聞報道、雑誌記事などのメディアでも節電対策の特集が連日のように組まれ、「いかに電気を使わないか」ということに注目が集まった。省エネ家電が数多く売り出され、ヒットして、省エネやエコなど節電グッズが商品開発のキーワードとなった。また、いつ起こるかわからない大震災のために在宅勤務の導入を希望する会社員も増加したといわれている。在宅勤務（テレワーク）が震災以降に節電の手段としても注目が高まり、NTTコミュニケーションズではクラウドを活用したテレワークツールへの問い合わせが、震災前に比べ約5倍に急増したという（週刊東洋経済、2011年4月30日号）。また、企業や役場、学校などさまざまな場所で節電は実行され、余分な蛍光灯を切り、エアコンの設定温度を28度に設定するなど、節電対策がとられた。東京大学でも空調を28度に設定して、照明機器を3分の1程度に削減、コンピュータによる消費電力を抑えるなどの対策をとったと伝えられている（朝日新聞、2011年5月31日夕刊11面）。福田充研究室の所属する日本大学法学部でも余分な電気を消し、エレベーターを半分止めたり、エアコンの設定温度を上げるなどの節電対策を実施し、消費電力量を下げることに成功している。

　また一般家庭の電力量も年々増加傾向にあり、家庭での節電も非常に重視された。そのため、住民に節電を促すユニークなキャンペーンを行った自治体もある。所沢市は、8月と9月の電力使用量を前年同月比で15％以上減らした家庭に、500円分のQUOカードを送る節電奨励策を行った（朝日新聞、2011年6月10日朝刊29面）。所沢市は100万円の予算でカードを2000枚用意し、その結果、合計で8700件の応募があったという。所沢市では他に牛乳パック再生紙を使用したうちわの配布や打ち水キャンペーンなど数々の節電キャンペーン実施に積極的であった。

　また、節電対策として注目されたのが、クールビズである。環境省では中央省庁や大手企業に対し「スーパークールビズ」という言葉をPRし、参加を呼びかけた。スーパークールビズとは従来のクールビズよりもさらに軽装でカジ

ュアルな服装のことで、環境省ではポロシャツやアロハシャツに加え、条件付きで無地のTシャツやジーンズ姿での出勤、職場でのスニーカー履きなどの解禁にも踏み切った（朝日新聞、2011年6月1日夕刊9面）。NTT東日本やKDDIなどの通信各社もオフィス節電に力を注ぎ、半日勤務や在宅勤務、その他にもTシャツ勤務OKとするなど、クールビズを奨励した（朝日新聞、2011年6月2日朝刊7面）。

3.3.3 節電に関する意識と行動

内閣府（2011）による国民生活に関する世論調査によると、震災後強く意識するようになったこととして、図表3.13のような結果が報告されている。もっとも多かった回答が「節電に努める」の59.0％で、次に「災害に備える」が44.9％、「家族や親戚とのつながりを大切にする」が40.3％、「風評に惑わされない」が38.0％、「地域とのつながりを大切にする」が35.5％、「食品の安全面に気をつける」が28.0％と続いている。この調査結果を見ても、震災後は特に人々が節電意識を強く持つようになったことがわかる。

福田充研究室の調査では、節電を行った人は全体の74.8％にのぼった。また、節電に対する意識についてたずねたところ、図表3.14のような結果となった。「とてもあてはまる」と「ややあてはまる」の回答を足し合わせた数字を示すと、「節電は以前からしていたが、さらに意識が高まった」という回答者が73.2％ともっとも多く、「今まで節電はしていなかったが、これを機に節電しようと思った」という回答者が58.7％、「自分の節電が被災地の為になっていると思うと嬉しい・やりがいを感じる」という回答者が54.0％、「節電も支援の一環であると思う」という回答者も68.8％と、節電に対して積極的な意見が多く見られた。しかしながらその反面、「節電をしてみたら面倒だったので、もうやりたくない」という回答、「節電するように呼びかけられているので仕方なく節電した」、「自分が節電しなくても、周りが節電しているのでどうにかなると思う」という回答も1割前後いたことも確かである。また別の設問で、震災後「マスコミに自粛や節電、エコを強制されているように感じた」と感じた人も「と

3.3 節電・クールビズ　81

項目	%
節電に努める	59.0
災害に備える	44.9
家族や親戚とのつながりを大切にする	40.3
風評に惑わされない	38.0
地域とのつながりを大切にする	35.5
食品の安全面に気をつける	28.0
友人や知人とのつながりを大切にする	27.4
寄付をする	23.0
ボランティア活動をする	13.3
貯蓄に努める	10.0
消費を増やす	4.9
その他	0.6
特にない	7.0
わからない	0.3

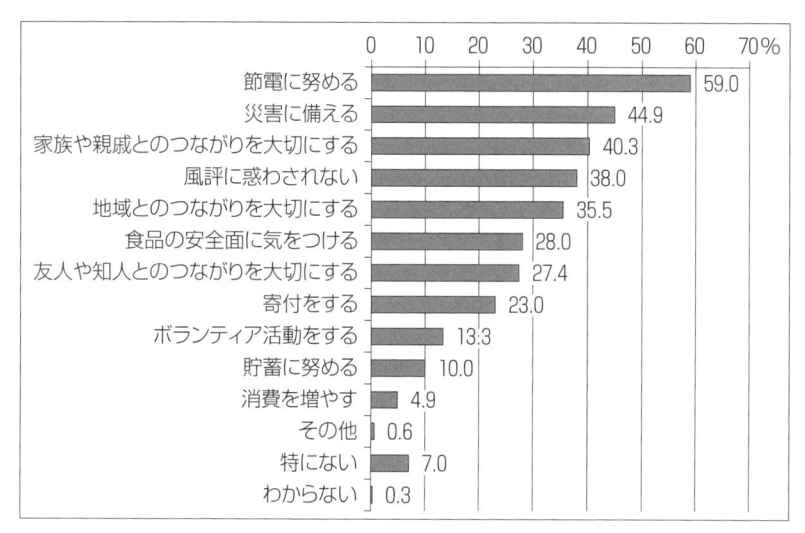

図表 3.13　震災後、強く意識するようになったこと（複数回答）（内閣府，2011）N = 6212

凡例：■とてもあてはまる　■ややあてはまる　■あまりあてはまらない　□全くあてはまらない　□NA

項目	とても	やや	あまり	全く	NA
節電は以前からしていたが、さらに意識が高まった	30.4	42.8	21.0	4.7	1.1
今まで節電はしていなかったが、これを機に節電しようと思った	20.8	37.9	25.5	13.4	2.4
節電をしてみたら面倒だったので、もうやりたくない	2.2	6.9	43.6	45.3	2.0
節電するように呼びかけられているので仕方なく節電した	1.2	12.1	41.6	42.6	2.5
自分の節電が被災地の為になっていると思うと嬉しい・やりがいを感じる	14.6	39.4	31.9	12.4	1.7
節電も支援の一環であると思う	25.7	43.1	22.0	7.9	1.3
自分が節電しなくても、周りが節電しているのでどうにかなると思う	2.2	10.4	40.6	44.8	2.0

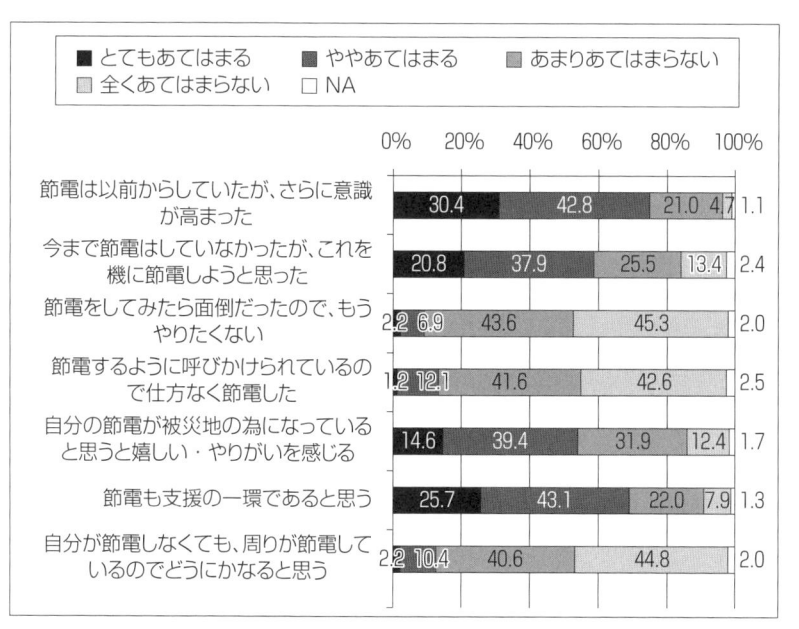

図表 3.14　節電に対する意識（福田充研究室，2011）N = 404

ても あてはまる」と「ややあてはまる」を合わせて 49.0％いることがわかった。こうした節電行為に関しても、マスコミやメディアから自粛や節電などを迫られているように感じているということが明らかになった。

3.4 ボランティア・被災地支援

　東日本大震災において、民主党菅直人政権の震災対応は後手に回り、多くの批判を受けたことは周知の通りである。それは阪神淡路大震災のときの村山富市政権においても同様であった。戦後の日本政府は危機管理の体制が弱く、災害対策基本法や国民保護法などの最低限の法整備は行ってきたものの、その運用能力や危機事態における政治的リーダーシップは常に欠落していて、災害が発生するたびにその不備を批判されてきた。それは中央政府だけでなく、地方自治体にも同じことがあてはまる。こうした災害などの危機事態においては、政府や自治体などの行政がリーダーシップをとり、災害対策の中心を担う必要があることは確かであるが、しかしながら、災害対策のすべてを行政がカバーできるわけではない。行政が設置する災害対策本部を中心に、警察や消防、自衛隊といったファースト・レスポンダー（初動対応者）が災害の被災地に入って被災者の救助、救援活動を実施することが、行政の災害対策の中心ではあるが、それ以外にも病院による救護活動、電話通信会社による支援、食品メーカーやスーパー、コンビニ等による食料品や飲料水の支援、重機メーカーによるがれき撤去作業の支援など、震災対策にはさまざまな民間企業からの支援が必要になる。さらには、災害支援を行う NPO や NGO の活動、また個人で参加するボランティアの存在が震災対策には不可欠である。このように、東日本大震災のような危機事態には、行政などの公的機関による「公助」だけでなく、民間企業や NPO、ボランティアによって助け合う「共助」が非常に重要である。またそれだけでなく、地域住民が近所でお互いに助け合うような「互助」の活動も非常に重要である。実際に阪神淡路大震災では、倒壊した家屋から助け出された住民の多くは、近所の住民の力によるものであった。また東日本大

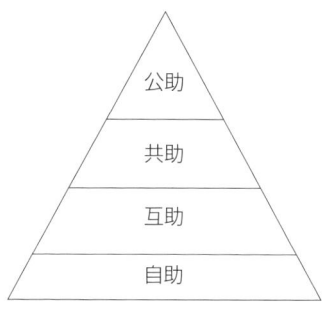

公助：政府や自治体など行政による災害対策
共助：組織レベルやボランティアによる支援・助け合い
互助：地域社会での隣近所のお互いの助け合い
自助：自分のことは自分で助ける

図表 3.15　災害対策の多層的モデル（福田，2010）

　震災においても、隣近所で助け合って避難し、避難所生活を送っている地域がたくさん存在した。また、自分のことは自分で対応するという「自助」の精神も重要である。常に誰かに助けてもらおうと考えるのではなく、災害が発生したらどのように避難して、自分の食料や生活用品をどのように確保するか、事前に防災用の避難袋などを計画、準備したり、自宅の家具の転倒防止などの措置をしたりしておくことも重要である。

　このように災害対策には、図表 3.15 のような公助、共助、互助、自助という階層構造があり、これらが有機的につながって有効な支援が可能になるのである（福田，2010）。それぞれの階層が自律して行動する必要があるが、政府や自治体などの公的機関はその全体の関係や流れを、邪魔することなく上手く調整することが重要である。

　この節では、震災支援にとって非常に重要な「共助」の部分である、ボランティアや民間企業による被災地支援について考察する。

3.4.1　国内企業や団体からの支援

　東日本大震災後、国内の民間企業も一斉に被災地支援を打ち出して、さまざ

3章 震災のための支援活動

図表 3.16　国内企業による被災地支援の一部

■企業名	支援内容
日本コカ・コーラ	義援金 6 億円。ウォーターブランド「い・ろ・は・す」（15 万ケース）、「森の水だより」（11 万ケース）、スポーツドリンク「アクエリアス」（3 万ケース）、ブレンド茶「爽健美茶」（1 万ケース）。
味の素	義援金 2 億円。味の素おかゆ 5000 食、「クノールカップスープ」10 万食など。
パナソニック	義援金 3 億円。ラジオ 1 万台、懐中電灯 1 万個、乾電池 50 万個、ソーラーランタン 4000 個。
ソニー	義援金 3 億円。ラジオ 3 万台。
ホンダ（HONDA）	3 億円の義援金。ガソリン発電機、家庭用カセットガスを使用する発電機 合計 1000 台およびカセットガスボンベ 5000 本。
富士重工業	義援金 5000 万円。スバル発電機、投光機、清水用ポンプ、泥水用ポンプ、合計約 200 台（5000 万円相当）。
イオン	レトルトごはん 10 万食、毛布 4 万 5000 枚、おにぎり・パン 4 万 6000 食、ペットボトル飲料 3 万 8000 本、粉ミルクや紙おむつなど。
オンワードホールディングス	義援金 1 億円。毛布、軍手、防寒衣料など総計 10 万点。
ファーストリテイリング（ユニクロ）	義援金 4 億円。下着「ヒートテック」30 万枚、タオル、ジーンズなど計 7 億円分の商品。
資生堂	義援金 1 億円。水のいらないシャンプー 1 万個、ハンドソープ 1 万個、消毒剤 2 万個など。
日本マイクロソフト	義援金 200 万ドル。被災地の災害対策のために、自治体や NPO にパソコンやソフトを提供。

まな支援活動を行った。そのごく一部の事例をまとめたのが図表 3.16 である。それは多額な義援金だけでなく、実際に被災地に対して救援物資を届け、被災者を支援する「顔の見える」「体を使った」支援であった。

　たとえば、イオンはグループを挙げて被災者支援を行った。自社のトラックと物流システムを使って、被災地に大量の食料品や飲料水、毛布や粉ミルク、おむつなどを送り、避難所生活を送る被災者の生活を助けた。日本コカ・コーラやアサヒ飲料、サッポロホールディングスなど飲料水メーカーはペットボト

ルの飲料水を、山崎製パンや味の素、明星食品などは保存のきく食料品を被災地に届ける支援を行っている。また、ユニクロで知られるファーストリテイリングやオンワードホールディングスは、下着やジーンズなどの衣料品を、資生堂はシャンプーやハンドソープなど、日常生活に欠かせない衣料や日用品を提供した。また、パナソニックやソニーは、避難所生活の情報入手に欠かせないラジオやランタン、懐中電灯などを提供し、日本マイクロソフトは災害対策に不可欠なパソコンやソフトを無償提供している。他にも、ホンダや富士重工などの企業は、避難所生活に必要な電気を起こすための発電機、食事を作るために必要なガスボンベ、生活に不可欠な投光機やポンプを提供している。このように、それぞれの企業が自分の得意分野で、被災者の避難所生活における「衣食住」をすべてカバーできるように支援を行ったことがわかる。

　こうした民間企業による被災地支援は、企業の社会貢献として自発的に行われるものであり、自社のブランドイメージやアピールにもつながる活動ではあることも事実だが、現代の大規模な災害対策においては、民間企業の力なくしては成立しない側面があることも事実である。

　他にもさまざまな民間企業によって東日本大震災支援のためのキャンペーンが実施され、震災支援キャンペーン商品を購入した売り上げが被災地支援に寄付されたり、被災地の東北に関連した商品を支援のために購入しようとする動きが現れた。このように、災害対策やその他の社会貢献につながる消費行動のことを、「エシカル（倫理的）消費」と呼ぶ。広告代理店のデルフィス（2010）が実施した「エシカル実態調査」では、約8割の消費者が社会貢献を意識した「エシカル消費」に共感していることが明らかになっている[21]。このように、物づくりや商売の中で利益優先、売り上げ重視の考え方だけではなく、社会貢献や社会の問題解決を意識した消費行動が社会的な潮流となりつつある時勢を反映して、たとえば広告代理店の博報堂ではソーシャル・プランニング部や、電通のソーシャル・ソリューション局が注目を集めている。こうした時代の大きな流れの中で、民間企業も大震災とどう向き合うかが問われている。

3.4.2　世界からの支援

東日本大震災後、3月20日時点ですでに128ヶ国・地域、33の国際機関が支援を表明した（ニューズウィーク、2011年3月30日号）。その一部をまとめたのが図表3.17である。日本の危機において、世界各国の政府や国際機関が支援してくれたことを決して忘れてはならない。

その後も世界各国からの支援は続き、外務省によると2011年10月17日現在で163の国・地域および計43の機関が支援意図を表明している。図表3.17のように、各国からの支援には義援金や食料、毛布等の生活物資の援助以外に

図表 3.17　海外からの支援（ニューズウィーク、2011年3月30日号を元に作成）

■国名	支援内容
カナダ	毛布2万5000枚など。
アメリカ	救助隊144人、救助犬、消防車2台など。
台湾	救助隊28人、防寒着1000着、発電機500台、食料など。
フィリピン	救助隊41人など。
オーストラリア	救助隊75人、救助犬2匹など。
ロシア	救助隊155人、車両7台、毛布1万7600枚など。
韓国	救助隊102人、救助犬2匹、スタッフ5人、レトルト食品3万食、毛布6000枚など。
タイ	毛布2万枚など。
シンガポール	救助犬5匹、スタッフ5人、毛布1000枚、マットレス600個など。
中国	救助隊15人、テント200張、掛布団2000枚など。
インド	毛布2万5000枚など。
トルコ	救助隊33人など。
スイス	救助隊27人、救助犬9匹など。
ドイツ	救助隊41人、救助犬3匹など。
フランス	救助隊130人（モナコ人含む）、毛布8000枚など。
イギリス	救助隊63人、救助犬2匹など。

は救助隊や救助犬の派遣が多いことがわかる。世界中で大災害が発生したときにも、自衛隊や警察庁、消防庁、医療チーム等を中心にした国際緊急援助隊が日本からも被災地に派遣されている。大震災が発生した場合には、このような国際的な助け合いが重要である。これらの世界からの支援に対し、当時の菅直人首相は外務省を通じ、諸外国からの支援に対して感謝のメッセージを発表した。

　これ以外にも、在日米軍による支援「トモダチ作戦」が大規模に展開されている。3月11日に外務大臣がルース駐日米国大使に在日米軍の支援を正式に要請した後、在日米軍は地震と津波による被災地の支援と、福島第一原発事故対応の支援を行った。具体的には海軍の空母「ロナルド・レーガン」等から非常食約3万食を宮城県内の被災地に輸送する日米共同対応を実施し、津波で被災した仙台空港の復旧活動を支援、艦船6隻、航空機10機等を出動させ行方不明者の捜索活動にあたった。在日米軍は、福島第一原発事故の対応でも、消防車や防護服、ガスマスク等の物品提供や、海兵隊放射能対処専門部隊（CBIRF）約150名の派遣、無人偵察機グローバル・ホーク撮影の原発上空写真を提供するなど、支援を行った。

　海外からの支援は、各国政府からだけではない。海外の民間企業や著名人からも多くの支援が寄せられた。スターバックスやコーチなど日本でもよく知られている国際的な企業からは多額の義援金が送られた。また、世界最大のスーパー・チェーンである米ウォルマート・ストアーズは500万ドル（約4億800万円）を被災地支援として提供し、飲料水や毛布、テントなどの物資を被災地に送った。スーパー店舗での募金活動も実施している（日本経済新聞、2011年3月19日朝刊7面）。韓国ではKBS、CBS、MBCのテレビ局3社が東日本大震災への募金を呼びかける特別番組を放映し、約116億ウォン（約8億円）を集めた。また、台湾でも震災後に義援金を募集するテレビ番組が相次いで放映され、多額の義援金が寄せられた。台湾からの義援金の総額は200億円を超えているといわれている。

3.4.3 災害ボランティア

　一般の人々が自分の仕事や学校を休んで被災地に入り、被災者の支援活動を行う「災害ボランティア」という活動が注目され、概念として定着したのは1995年の阪神淡路大震災であった。山下ら（2002）も指摘するように、阪神淡路大震災以前のボランティアは、奉仕活動や自己犠牲といった特殊なイメージで見られ、宗教団体や慈善奉仕団体に所属するような一部の人に限定された活動として認知されがちであった。しかしながら、阪神淡路大震災でのボランティア活動から、ごく普通の社会人や主婦、学生といった一般人がボランティアとして活躍するようになった。阪神淡路大震災でのボランティアは年間約138万人に達したといわれている。

　東日本大震災被災地の岩手、宮城、福島3県で活動したボランティアの数は震災から4ヶ月が経過した7月末の段階で約62万300人、1日平均4368人と伝えられている（社会福祉法人・全国社会福祉協議会発表）。内訳は、福島県の約10万2600人、岩手県の約18万1500人、宮城県の約33万6300人である。震災から初期においては、災害ボランティアの数は阪神淡路大震災の方が多く、東日本大震災では少ない傾向があったが、数ヶ月が経過した後から東日本大震災での災害ボランティアは順調に増加した傾向が見られたという。福田充研究室の調査結果を見ると（図表3.10参照）、物品の寄付・提供が14.6%であったことに対して、ボランティアに参加した人は3.2%と少ない数字であったが、それでも全体の3.2%の人がボランティアに繰り返し参加すると、全体的には大きな力になる。

　災害ボランティアにはさまざまな活動がある。被災地に入って避難所に入るボランティアにも多様な貢献があり、食事の準備や炊き出しを行うボランティアもいれば、子どもの相手や勉強の相談に乗るボランティアもいる。また街でがれきの撤去や汚泥の処理を手伝うボランティアもいれば、祭りやイベントを企画して被災者に娯楽を提供するボランティアもいる。また専門的な知識や技術が必要な活動としては、被災者の健康状態を診断、診察するような医療行為

を行う個人の医者によるボランティアもあれば、震災後の生活や金銭問題などの法的問題を相談できる弁護士によるボランティア活動もある。このように被災者の生活全般にわたる問題にボランティアが不可欠であり、多様な活動が必要となるが、この災害ボランティアを支えているのは無名の市井の人々なのである。被災地外から被災者を助けに来る人のことを一般的に災害ボランティアということが多いが、被災地内、または被災地周辺の人々が災害ボランティアとして活動することも多い。

　また、災害ボランティアの中でメディアに関連するものについて考察すると、被災者の生活を情報面、メディアの活動の面でサポートするものに、「情報ボランティア」という活動がある。情報ボランティアの活動は、現在では主にインターネットを活用して、被災地の避難所生活で必要な物資や情報を被災地外の人々に伝え、被災者のニーズに合わせた支援を情報面でコーディネイトする活動が中心的である。また避難所の名簿から安否情報を発信したり、被災者同士のコミュニケーションを支援したりする活動もある。干川（2007）は、自身が実際に情報ボランティアとして活動してきた経験も踏まえながら、情報ボランティアの研究を行い、主に三宅島噴火災害、宮城県北部地震、新潟県中越地震、福岡西方沖地震など実際の災害で活動した「災害デジタル・ネットワーキング」活動から情報ボランティアの実態を考察している。

　こうした情報ボランティアという活動が始まったのは主に、阪神淡路大震災である。阪神淡路大震災が発生した1995年はWindows 95やインターネットが日本に上陸したデジタル化元年とも呼べる時期であった。当時まだ新しいメディアであったインターネットやパソコン通信、携帯電話を使う世代が初めて経験する大災害が阪神淡路大震災だったのである。金子（1996）を中心としたインターⅤネットによる活動は有名な事例である。金子らはボランティア研究の実践としてインターⅤネットで阪神淡路大震災の支援を行った。この「災害とネットワーク」電子会議室において、情報ボランティアが交流し、阪神淡路大震災においてネットワークがどのように活用され、どう役立ったかが検討されている。また、川上ら（1995）は日本の災害でインターネットが活用され

た実態を研究した最初の研究である[22]。川上らは阪神淡路大震災で当時まだ日本に上陸したばかりのインターネットがどのように活用され、どのように機能したかを分析している。それまでの従来のマスメディアと異なり、一般市民がインターネットを通じて災害情報を発信し、コミュニケーションできる画期的な機能を持つと同時に、うわさや流言などの災害時のコミュニケーション上の問題はインターネットでも発生すること、インターネット上の情報をフィルタリングする機能、オーソライズする機能が必要であることをすでにこの段階で指摘している。その川上らの研究メンバーでもある福田（1996）は、阪神淡路大震災において当時の日本のパソコン通信大手「ニフティサーブ」で設置された「地震情報」掲示板が、どのように利用されたかを内容分析している。パソコン通信の掲示板に登場する情報内容では被害情報や安否情報が多く、災害ボランティアの情報交流も盛んで、こうした安否情報やボランティア情報での活用が有効であることを指摘している。

　菅（2008）は阪神淡路大震災以後に展開された災害ボランティアをめぐる議論について大きく3つに分けている。ひとつ目は防災・危機管理論的アプローチ、2つ目は市民社会論的アプローチ、3つ目は相互関係論的アプローチである。防災・危機管理論的アプローチとは、災害ボランティアを災害対策の主体ととらえ、防災対策や危機管理政策の枠組みの中のアクターとして考えるアプローチである。また、市民社会論的アプローチとは、市民社会を構築するために日本社会を変革する担い手としてボランティアを位置づけるアプローチである。相互関係論的アプローチとは、防災・危機管理的な枠組みにもとらわれず、市民社会論的な理念にもとらわれない形で、現実的な災害の現場で災害ボランティアと被災者がどのように関わり、どのようにボランティアが実践されるかを考察するアプローチである。大震災において非常に重要なアクターである災害ボランティアがどうあるべきか、その考察はまだまだ始まったばかりであり、今後も引き続き研究と考察が必要である。

4章
震災がもたらした負の側面

4.1 買いだめ行動

　東日本大震災の直後から、首都圏を中心に消費者による買いだめ行動が発生したことは記憶に新しい。スーパーマーケットやコンビニエンスストアの商品が売り切れ状態になり、商品棚が空になる状態が発生した。震災によってなぜこのような状態が発生したのだろうか。この4章では震災によって発生した負の側面についてさまざまな現象、問題を考察するが、まず1節では消費者の中で発生した買いだめ行動について考察したい。

4.1.1 データで見る買いだめと商品不足

　消費者庁（2011）によれば、関東エリアにおけるスーパー事例の食料品の供給対応状況を見ると（図表4.1参照）、2011年3月16日の時点で、飲料水（大型）の消費者需要が通常比3110％であり、それに対し実際の供給は災害前対比250％であった。同じように、コメは消費者需要1070％に対し供給200％、カップラーメンは需要1410％に対し供給270％というように、供給量に対し需要が大幅に超えていることがわかる。震災後、人々が飲料水や食料品を買い求めたことに対して、メーカーの販売が追いつかなかったため、スーパーやコンビニが売り切れ状態になったことがわかる。また日用品の供給対応状況に関して見ると、震災直後、乾電池は消費者需要の通常時対比1600％であったが、実際の供給額通常時対比は690％、懐中電灯の需要は1200％に対し実際の供給は500％、コンロの需要は1000％に対し供給は760％など、震災対応としてメーカー

4章 震災がもたらした負の側面

(1)食料品の供給対応状況
※3/16（水）18：00現在

項目	消費者需要 通常時対比 %	実際の供給 災害前対比 %
飲料水大型	3110%	250%
米	1070%	200%
カップラーメン	1410%	270%
パスタ	2710%	360%
食パン	410%	140%
人参	320%	160%
ヨーグルト	580%	100%
牛乳	180%	120%
納豆	305%	80%
魚肉ソーセージ	270%	210%

(2)日用品の供給対応状況

項目	災害直後 消費者需要 通常時対比 %	災害直後 実際の供給額 通常時対比 %
乾電池	1600%	690%
懐中電灯	1200%	500%
コンロ	1000%	760%
ボンベ	3000%	850%
カイロ	850%	240%
大人用オムツ	200%	180%
生理用品	350%	250%
ベビーオムツ	430%	230%
ベビーミルク	430%	340%
防災用品（セット含）	1200%	750%
防災トイレ	800%	680%
水タンク	700%	280%
携帯充電器	1050%	230%
トイレットペーパー	350%	260%
ティッシュペーパー	280%	240%
ウェットティッシュ	600%	300%
ローソク	500%	270%
紙皿・紙コップ	200%	220%
割り箸	160%	190%
マスク	250%	280%

図表4.1　食料品と日用品の供給対応状況（消費者庁, 2011）

やスーパーによる供給量は増加しているもの、消費者の需要がさらにそれを上回ったことで、追いつかない状況が発生したことがわかる（消費者庁, 2011）。震災が発生したことで、電気やガス、水道などライフラインが寸断されることを想定して、乾電池や懐中電灯、ガスコンロを買いに走った消費者が多かったことがわかる。買いだめ行動はこのようにして発生したのである。

さらに、社団法人日本フランチャイズチェーン協会の発表によると、2011年3月のコンビニエンスストア主要10社の売上高は、前年同月比7.7%増の6465億円であった。東日本大震災の影響で営業停止となった店舗のデータは含まれていないにもかかわらず、震災後の買いだめ需要が全体を押し上げ、営業した店舗では大幅な売り上げ増であった。また、来店客数は約10億5295万人で前年比0.6%減とマイナスとなったにもかかわらず、平均客購入額は614.1円の8.3%増と大幅な伸びとなった。つまり、客の数は減ったにもかかわらず、一人あたりが購入した金額が増加したことを意味している。さらに震災後によ

く売れた商品別に見ると、乾電池やトイレットペーパーなどの売り上げが上昇し、食料品では弁当やパンなどの食品が1.0％増となった一方、保存がきくカップ麺や飲料などの加工食品は3.7％増だったと伝えられている（SankeiBiz、2011年4月21日）。このようにして人々は、震災直後から続く余震や不安定化する社会生活に備えて、調理せずに食べられる食品や、生活必需品や防災グッズなどを買いだめしたのである。

4.1.2　買いだめ行動の実態

東日本大震災では、ガソリンや軽油の買いだめ行動も発生し、関東圏を中心にガソリンスタンドでは大量の車の行列が発生した。ガソリンや軽油の大量な需要に対し、供給が追いつかなかったため、営業をストップして休業にするガソリンスタンドも現れる始末であった。消費者庁の発表によると、関東圏向けのガソリンと軽油はすでに、2011年3月21日から平年並みの出荷量へ戻っているにもかかわらず、この事態が発生したということは、いかにガソリンや軽油の買いだめ行動が発生したかということである。こうしたガソリンや軽油の買いだめ行動を防ぐために、政府は当面の通勤や旅行で自家用車を使用しない場合にはガソリンや軽油の買い占めをしないようにPRした（産経新聞、2011年4月10日朝刊23面）。

また、メディア報道でもガソリンを探し回って苦労する人々の姿が紹介されている。ガソリンの供給が途絶えた都内のスタンドの従業員の嘆きの声や、ガソリンを探し回ってようやく購入できる都内のスタンドにたどり着いて安心する会社員男性の声が紹介されている。そのスタンドでは、1台あたり30リットルと販売量は決められ、車の行列は1キロに達したという（読売新聞、2011年3月16日朝刊30面）。

福田充研究室の調査では、買いだめ行動の実態とその理由をたずねている。図表4.2のように、買いだめの理由としてもっとも多かったのは、「地震（余震）に備えて様々なものを多めに買った」で、「とてもあてはまる」と「ややあてはまる」を合わせて43.6％の人が買いだめしていることが明らかになった。一

方で、「福島原発が不安で、様々なものを多めに買った」という人は14.3％と相対的に少ないことがわかる。震災発生当初は、福島第一原発事故の状況よりも、地震の余震に備えて買いだめに走った人が多いことがわかる。また地震による停電や、計画停電に備えて買いだめが発生していることも明らかとなった。「停電に備えて、様々なものを多めに買った」という人は33.7％発生している。また、そういう実際の災害状況に備えて買いだめをするだけでなく、買いだめ

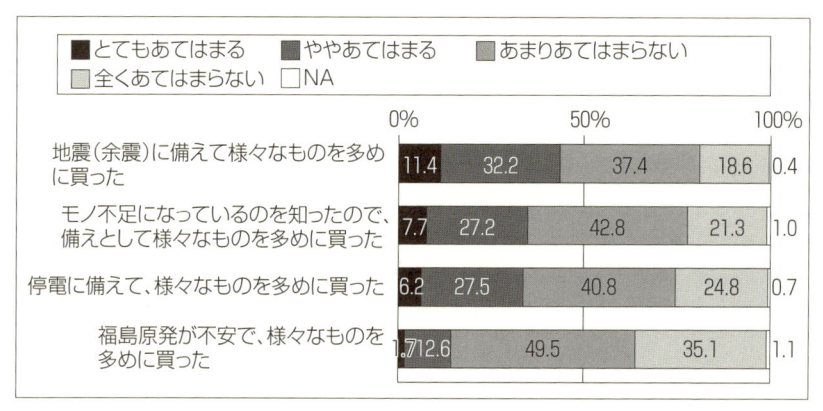

図表 4.2　地震発生後の消費行動（福田充研究室，2011）　N = 404

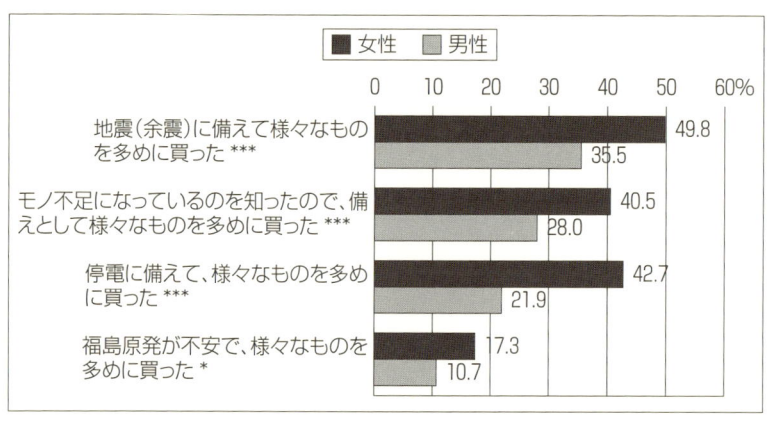

図表 4.3　買いだめ行動における性差（福田充研究室，2011）　N = 404
（＊＊＊：$p < 0.001$，＊：$p < 0.05$）

による物不足が発生していることを知ったために、食料品や生活必需品が周りからなくなる前に自分も購入しておこうという、同調行動型の買いだめも発生していることがわかった。「モノ不足になっているのを知ったので、備えとして様々なものを多めに買った」という人も34.9％いたのである。東京都内でも、これだけの回答者が買いだめ行動を行ったという実態が明らかになった。

この買いだめ行動に関してさらに分析を進めると、この4つの質問全部で性差の影響が見られた。買いだめ行動を行った人として「とてもあてはまる」と「ややあてはまる」と回答した人を足し合わせた割合と、性別の変数をクロス分析したところ、図表4.3のような結果が得られた。このグラフからわかるように、すべての項目で女性の方がより多く買いだめ行動を行っていることがわかる。「地震（余震）に備えて様々なものを多めに買った」（女性49.8％）、「モノ不足になっているのを知ったので、備えとして様々なものを多めに買った」（女性40.5％）、「停電に備えて、様々なものを多めに買った」（女性42.7％）の3つの項目で女性の買いだめ行動が4割に達しており、χ^2検定の結果、女性の方が男性よりも多いという傾向が見られた（統計的有意差、$p < 0.001$）。また、「福島原発が不安で、様々なものを多めに買った」という項目でも、女性の方が男性よりも多い傾向が見られた（統計的有意差、$p < 0.05$）。家庭においても家計を預かることの多い女性が、日常生活における買い物行動の中で買いだめも行ったと解釈することができる。他にも、過去の災害経験のある人ほど買いだめをする傾向、未婚よりも既婚者の方がより買いだめをする傾向が見られた。

4.1.3 買いだめ行動の心理的メカニズム

これまで見てきたように、買いだめをしたいという意識には、地震、余震に備えて、停電に備えて、福島原発事故が不安で、といった具体的な理由があることがわかった。こうした危機事態に備えて、食料品や飲料水、乾電池やガスコンロ、ガソリンを買いだめして備蓄したいという欲求は、ある程度は合理的な判断による行動であるように見える。つまり、危機事態における生理的防衛反応であり、生存欲求、生存本能によるものだと考えることができる。こうし

た生理的な生存欲求は、マズロー（1943）の欲求段階説においても、もっとも根本的で基礎的な欲求である。そのため、この買いだめ行動の問題は非常に根深い。しかしながら、個人レベルにおいて合理的な判断であっても、人々が集合的に買いだめを行った場合には社会的混乱につながる。これは極めて集合行動論的、社会心理学的な問題である。

　また、この生理的防衛反応、生存欲求によって引き起こされる買いだめ行動を媒介している意識は、3章1節でも考察した不安であると解釈できる。地震や停電が発生して社会が混乱しているため、不安の心理が発生し、生活に必要なさまざまな物資を購入して生活の基盤を確保し、安心したいという心理である。この不安の心理は、さまざまな条件で強化される。たとえば、「モノ不足になっているのを知ったので」買いだめ行動に走るというのは、周囲の人が買いだめをしているため、自分も買いだめをしないと生活物資がなくなってしまうという不安からくる同調行動である。人の行動を見て自分も同じ行動をとろうとする同調行動が、こうした買いだめ行動を促進する。これは、リースマン（1960）が『孤独な群衆』の中で指摘したような「他人指向型」人間にもあてはまる。こうした他人指向型人間は、他人の行動に同調しやすく、流されやすい。豊かな中産階級の中に発生し、消費行動にもその傾向は発生する。街のスーパーやコンビニで人々が買いだめをして商品がなくなった光景を実際に見て、自分も不安を感じて同じ行動をとる。人々がガソリンを求めてガソリンスタンドに行列をするのを実際に見て、自分も不安を感じて同じようにガソリンスタンドに行列する。これが他人指向型の人間の行動傾向である。

　またこの現象は、メディア報道によっても加速されることがある。人々の買いだめ行動を社会現象としてメディアが報道し、実際に商品がなくなったスーパーやコンビニの風景を中継することで、人々は不安を感じて、同調行動をとる。買いだめの同調行動をメディア報道が強化した可能性もある。これは災害時の事例ではないが、オイルショックが発生した1973年から74年にかけて起きた、トイレットペーパー騒動は「トイレットペーパーがなくなるらしい」という大阪を中心とした局所的に発生したうわさ・流言によって人々がスーパー

に殺到し、実際にトイレットペーパーが店頭からなくなったという有名な事例である。これがメディア報道された結果、この現象は全国に拡散したが、オイルショックによってトイレットペーパーがなくなるといううわさは全く根拠のないことであった。このような集合行動は、「予言の自己成就」という現象も発生させる。全く根拠のない予言であっても、それを信じた人々が同じ集合行動をとることによって、予言された状況が実際に発生してしまうのである。

　さらにこうした集合行動は、パニックにつながる恐れがある。ペリーとピュー（1978）は、災害の発生によってパニックが発生するという通俗的なステレオタイプが一般社会に広く浸透していると批判している。彼らも指摘しているように、実際に近年の災害研究においては、災害発生時にパニックが起こることは稀であるということが定説となっている。しかしながら、ペリーとピューは、それでもごく稀に、パニックは発生すると論じる。その原因は災害がもたらすストレーンであり、不安であると指摘する。またラング夫妻（1961）は、パニックを「極端な利己的状態への集合的な退行現象」と表現している。ラング夫妻（1961）はパニック現象発生を段階的なモデルで説明し、①危機の発生によって、②人々が利己的状態に回帰、退行し、③集団的規範の崩壊によって、④感染と相互促進作用の発生により、社会に蔓延するという。

　買いだめ行動は、それほど重大なパニック的現象には至らなかったが、これがさらに深刻化するとパニックに近い現象に発展した可能性もある。そして、その発生過程は、ややパニック現象に近い傾向も持っていたと考えることができる。

4.2　自粛騒動・買い控え

　東日本大震災後、日本国内では「自粛ムード」が蔓延し、震災前に決定していたさまざまなイベントや行事が中止となった。大地震と大津波の直接的被害を受けた東北では当然仕方ないことであったが、その周辺地域である関東圏でもその自粛ムードは発生し、関西など西日本にもその現象は拡大した。

震災の影響によるイベントや行事の中止には、物理的要因によるものがいくつか考えられる。①交通機関の被害、②余震の継続と次の大地震の可能性、③計画停電など電力状況の3つである。実際、関東圏でも地震の影響で鉄道や道路などが被害を受け、①電車やバスなど交通機関が復旧に時間がかかり、運休や間引き運転などが続いた。仕事の通勤もままならない状況になり、その結果として各種のイベントや行事が中止、延期されたことは社会的に仕方なかったかもしれない。また、実際に次にいつ大きな地震が発生するかもわからない状況で、②余震も続いていたため、人々の安全を考えると、震災直後は無駄な外出や旅行は控えることも危機管理上正しい対応であったと考えることもできる。また、さらに③計画停電の影響などで電力使用を控えねばならない状況が発生したため、この行事やイベントの中止に拍車をかけた。しかしながら、そういった物理的要因から行事やイベントが中止されただけではなく、あれだけの大震災が発生した後だけに、楽しい祝い事やお祭りのような行事、イベントを開催してよいかという風潮が広まり、心理的要因から「ムード」としての自粛騒動が発生した。この節では、このムードとしての自粛騒動について考察したい。

4.2.1　自粛騒動の発生

震災後、日本国中に発生したムードとしての自粛騒動には、東北を中心とした東日本であれだけの被害が発生し、連日そのメディア報道に接しているため、犠牲者のために喪に服すという心理や、被災者の気持ちを思いやるという心理が働いていたのかもしれない。また、そういう状況で楽しい行事やイベントを開催することは不謹慎だという倫理的意識が働いたのかもしれない。そうした社会心理的なムードの発生によって、自粛騒動は拡大していった。この自粛には、さまざまなレベルがあるが、ここでは企業などの組織が行った自粛と、消費者などの個人が行った自粛を区別して議論したい。

震災後、さまざまな企業が自粛を発表したが、その一部をまとめたのが図表4.4である（朝日新聞、2011年3月27日朝刊5面）。キリンビールやカゴメ、サントリーのように、新商品の発売を延期した企業は数多く発生した。こうした

図表 4.4　自粛を行った企業・団体（朝日新聞、2011 年 3 月 27 日朝刊 5 面を元に作成）

企業・団体	商品やイベント
ソニー・ミュージックエンタテインメント	2011/3/23、2011/3/30 に予定していた CD や DVD の新譜発売を延期。
米アップル（ソフトバンクモバイル）	2011/3/25 の「iPad2」の日本発売を延期。
キリンビール	2011/4/20 に予定していた缶チューハイ「氷結」新商品の発売を中止。
カゴメ	2011/3/29 に予定していた幼児向け野菜飲料「すくすくやさい」の発売を延期。
小林製薬	2011/3/23 に予定していた新芳香消臭剤の発売を 2011/4/20 に延期。品目も削減。
旭化成	2011/3/15 に都内で開催予定だった水着素材とキャンペーンモデルの発表会を中止。
TOTO・大建工業・YKK AP	2011/4/22～4/24 に都内で開催予定だった「グリーンリモデルフェア '10-'11」を中止。
国際会議「GFPC2011」	薄型パネルの関連企業が集まり、2011/4/10～4/12 に開催予定だったが、中止。

　新商品発売延期はキヤノンやソニー、パナソニックなどの家電業界でも発生した。アップル社の「iPad2」の日本発売も震災の影響で延期されている。他にも、旭化成や TOTO の事例のように、キャンペーンモデルの発表会や、フェアなどのイベントを中止した事例も多く発生した。またさまざまなメディアも影響を受けている。ソニー・ミュージックエンタテインメントは CD や DVD の新譜発売を延期するなど、こうした音楽や映画、出版などの業界で発売延期が相次いだ。これはメディアにとっても大きな経済的ダメージとなった。しかしながら、これらは震災による工場の被災や物流網の混乱によって、企業の新商品の発売延期が相次いだものである。

　また、震災発生後、企業による広告宣伝活動の自粛も相次いだ。それまで使われていた広告から、震災後の社会を意識した新しい広告が制作され、差し替えられるなど、企業の宣伝担当者は広告の自粛・再開のタイミングや表現面で

4章 震災がもたらした負の側面

図表 4.5 通常広告を自粛し新たに広告を制作した企業（宣伝会議、2011年6月15日号を元に作成）

企業名	タイトル	内容
パナソニック	「節電お知らせ」	日常生活の中での節電アイデアを案内。問い合わせの多い質問への回答を掲載した自社HPを告知。
日清食品ホールディングス	「カップヌードル"武蔵登場"篇」	井上雄彦氏の漫画「バガボンド」の主人公・武蔵が登場。「この国には、底力がある。」という熱いメッセージを発信。
ソフトバンクモバイル	「復興支援ポータルサイト"星空"篇」	同社が支援する「復興支援ポータルサイト」を紹介。星空を見つめる「お父さん」とともに、復興を願う。
全日本空輸	「一歩ずつ前へ」	卓球・福原愛選手による「東北を、そしてニッポンを元気にしたい」という思い。
KDDI	「"もっとつながっていく"篇〈嵐〉」	被災地・前を向いていく日本全国に発信。
キリンビール	「のどごし〈生〉"できたてお届け"篇」	被災後、復旧した茨城の取手工場にて、のどごし〈生〉の製造を再開した映像をモチーフとした。
パルコ	「LOVE HUMAN.」	被災した仙台パルコの前で同店で働くスタッフとともに撮影された。
日産自動車	「今こそ、モノづくりの底力を。」	実際のクルマづくり復旧までのドキュメントを通じ、復興に向けた同社の決意を発信。
ローソン	「Uchi Café sweets プレミアムロールケーキ」	プレミアムロールケーキを通じて、人の輪や家族の絆を大切にしたいというメッセージが込められている。

の配慮に気を使った。震災後に制作された広告として有名な事例の一部を、図表4.5に紹介する（宣伝会議，2011）。

　企業の自粛が相次ぐ中、一般市民の個人にも自粛の動きが発生した。メディア報道でも取り上げられ話題となったものに、都内で3月中旬以降に始まったお花見の自粛要請がある。節電のために電灯の明るさを落とすと夜間の安全が保証できないことや、仮設トイレの確保が難しいこと、そして被災者への配慮

のためであるという。花見のスポットとして有名な上野公園や井の頭恩賜公園、靖國神社境内にも「宴会の自粛のお願い」などの宴会の自粛を求める看板が立った。花見の自粛について石原慎太郎都知事も定例記者会見の場で、花見は自粛すべきである旨の談話を発表している（朝日新聞、2011年3月31日夕刊14面）。

その一方で、過剰な自粛をやめるように呼びかける動きもあった。自粛しすぎることで日本の経済活動が停滞し、不況が悪化し、東北の復興にも悪い影響があるという論理である。その後、東北を支援するためのイベントや行事が数多く実施されたことは、先の3章2節でも紹介した通りである。

4.2.2 買い控えの発生とその実態

また、東日本大震災の発生後、「買い控え」という耳慣れない行動が発生した。買い控えには①社会的混乱を避けるために行うプラスの買い控えと、②風評被害によって発生したマイナスの買い控えとがある。その背景にはそれぞれ東日本大震災と福島第一原発事故がある。

まず①社会的混乱を避けるための社会貢献としての買い控えであるが、震災後、生産工場の被災や道路網の寸断のために商品の生産や物流、販売が混乱して社会に商品が出回りにくい状況が発生した。物資が足りず困窮している被災地に少しでも品物が回るように、被災地以外の地域で少しでも消費を減らして支援しようという「買い控え」の呼びかけが行われた。一方、②風評被害によって発生した買い控えには、福島第一原発事故が原因にある。福島第一原発事故が発生したことで、福島県産や茨城県産などの特定の地域の食べ物から基準を超えたセシウムが検出され出荷停止という事態が起こった。セシウムが検出されたのは特定の一部の食料品であったが、メディアでの報道を見た消費者は、その県でとれる他の食料品についても安全であるのに購入を控えるようになった。こうした風評被害については、4章5節で考察したい。

電通総研（2011）が震災直後の4月に実施した「震災一ヶ月後の生活者意識調査」では、震災1ヶ月後の日本人の消費意欲が減速したことを指摘している[23]。自粛意識について「かなり持っている」と回答した人は12.8％、「や

102　4章　震災がもたらした負の側面

や持っている」人が50.8％、「あまり持っていない」人が29.5％、「まったく持っていない」人が7.1％という結果となった。震災後に自粛意識を持っている人は63.6％と、かなりの高い率となった。

また、同調査の「震災をきっかけに当面、購入を控えている・自粛している項目」という質問の結果が興味深い。図表4.6のように全32項目の中でもっ

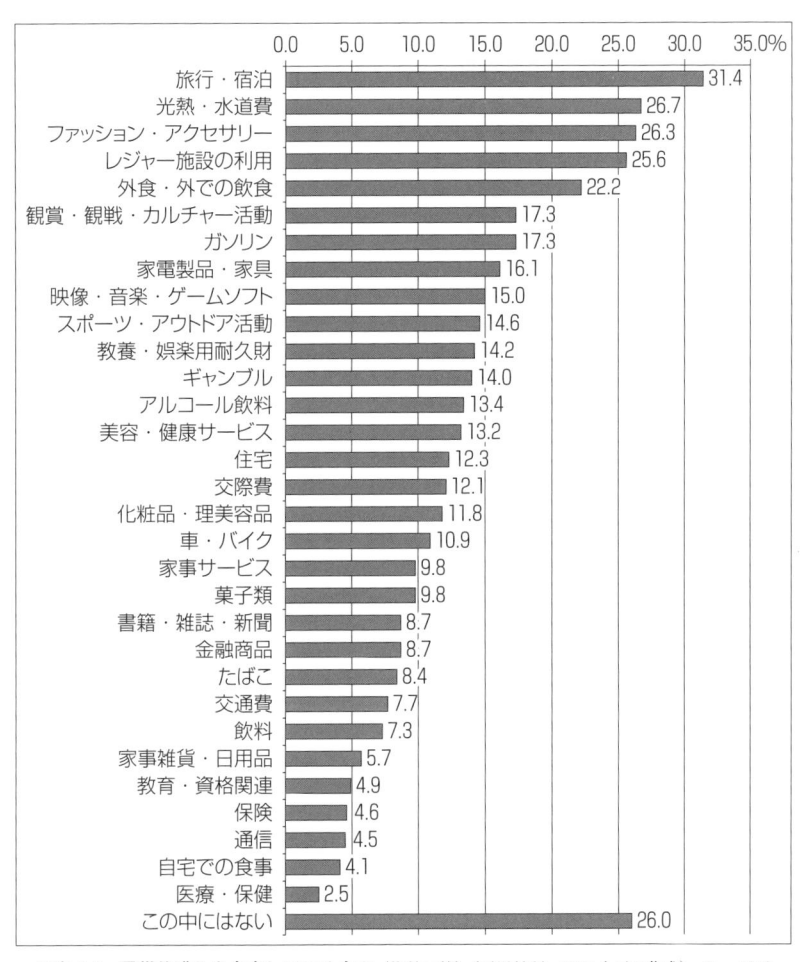

項目	%
旅行・宿泊	31.4
光熱・水道費	26.7
ファッション・アクセサリー	26.3
レジャー施設の利用	25.6
外食・外での飲食	22.2
観賞・観戦・カルチャー活動	17.3
ガソリン	17.3
家電製品・家具	16.1
映像・音楽・ゲームソフト	15.0
スポーツ・アウトドア活動	14.6
教養・娯楽用耐久財	14.2
ギャンブル	14.0
アルコール飲料	13.4
美容・健康サービス	13.2
住宅	12.3
交際費	12.1
化粧品・理美容品	11.8
車・バイク	10.9
家事サービス	9.8
菓子類	9.8
書籍・雑誌・新聞	8.7
金融商品	8.7
たばこ	8.4
交通費	7.7
飲料	7.3
家事雑貨・日用品	5.7
教育・資格関連	4.9
保険	4.6
通信	4.5
自宅での食事	4.1
医療・保健	2.5
この中にはない	26.0

図表4.6　震災後購入を自粛しているもの（複数回答）（電通総研, 2011を元に作成）　N = 1859

とも多かったのは「旅行・宿泊」の31.4%であった。その次に多かったのは「光熱・水道費」の26.7%で、さらに「ファッション・アクセサリー」の26.3%、「レジャー施設の利用」の25.6%、「外食・外での飲食」の22.2%と続いている。こうして見ると、買い控えや自粛されている商品、サービスは旅行やレジャーなどの娯楽、ファッション・アクセサリーなどの嗜好品、贅沢品が多いことがわかる。他にも、自粛騒動によって延期、中止されたものも多かった「鑑賞・観戦・カルチャー活動」の17.3%、買いだめ行動で品不足や行列を生み出した「ガソリン」の17.3%が続いている。心理的な影響からか、「ギャンブル」（14.0%）、「アルコール飲料」（13.4%）の自粛、買い控えもある。反対に、生活必需品である、「自宅での食事」（4.1%）や飲料（7.3%）、通信（4.5%）や医療・保険（2.5%）などの自粛率、買い控え率は低いことがわかる。

福田充研究室の調査でも、震災後の人々の自粛行動、買い控え行動について質問している（図表4.7参照）。震災後の行動の変化として「とてもあてはまる」と「ややあてはまる」の回答を足し合わせた数値を見ると、「震災直後は外出を控えるようになった」と回答した人が55.7%、「外食が減った」と回答した人が43.8%、「旅行を控えた」人が51.5%、「娯楽やレジャーを控えるようにな

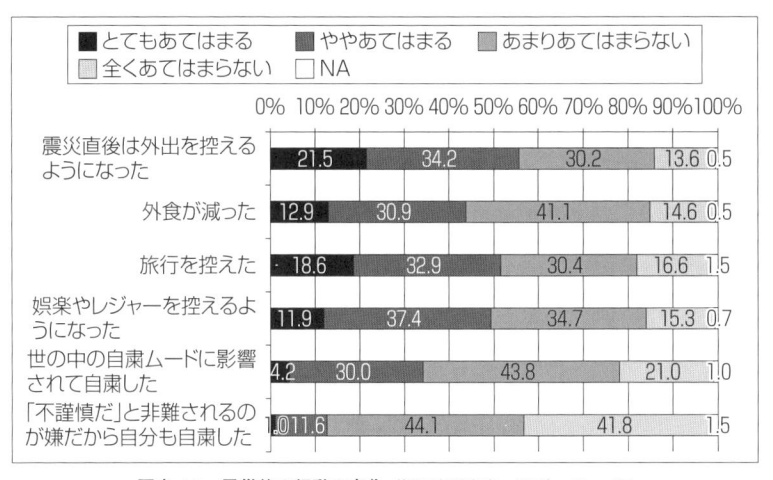

図表 4.7　震災後の行動の変化（福田充研究室, 2011）　N = 404

った」人が49.3%と、旅行や外食、娯楽やレジャーなどの行為を自粛した人が5割前後いることが明らかとなった。

では、周囲の状況やメディア報道の影響を受けて自粛した人は実際どれくらいいるのだろうか。同調査では、「世の中の自粛ムードに影響されて自粛した」と回答した人が34.2%、「『不謹慎だ』と非難されるのが嫌だから自分も自粛した」と回答した人が12.6%という結果になった。世の中の自粛ムードの影響を受けた人は実際に3割もいたことがわかる。このような心理から、自粛ムードは人々の中で拡大していったのである。

東日本大震災で発生した自粛や買い控えの実態が明らかとなった。大震災は1次的に地震や津波の自然災害によって社会に被害を与え、原発事故のような複合災害が発生することで2次的に環境汚染や食品の安全にダメージを与え、さらに自粛や買いだめ行動、買い控え行動などによって3次的なレベルで社会の経済活動にダメージを与える重層的な災害であることがわかる。こうした自粛行動にはさまざまなメディア企業も関連し、さらにメディア報道によって自粛や買いだめ行動なども影響を受けることがある。このような側面でも、大震災とメディアは深く結びついているのである。

4.3 うわさ・流言とメディア

うわさや流言という現象は、普段の日常生活の中でも数多く発生しているが、これは東日本大震災のような災害時でも発生する。本来、うわさや流言は社会において口コミによって拡大していくものであったが、メディアの進化と情報社会の進展によって、メディアのネットワークを伝って拡大していく傾向がある。また、災害時には人々の心理に不安が発生することにより、このうわさや流言が拡大しやすくなる側面もある。この節では、東日本大震災で発生したうわさや流言がどのように発生し、メディアによってどのように拡大したかを具体的な事例をもとに考察したい。

4.3.1 東日本大震災で発生したうわさ・流言

東日本大震災で発生したデマや流言の特徴はメールや Twitter などのインターネット上で広まったことである。今回の震災において広まった流言の中でよく知られている事例のひとつが、有害物質を含む雨に関するものである。震災直後、千葉県にあるコスモ石油の製油所が爆発し、大規模な火災が発生した。この火災を受けて、「有害物質を含む雨が降る」というツイートやチェーンメールが多く飛び交った。その主なパターンは次のようなものである。

「【拡散希望】千葉在住の友人より。週明け雨の予報です。千葉周辺の皆さんご準備を！コスモ石油の爆発により有害物質が雲などに付着し、雨などといっしょに降るので外出の際は傘かカッパなどを持ち歩き、身体が雨に接触しないようにして下さい!!!」（Twitter より引用）

実際、このようなメッセージが Twitter 上で拡散され、筆者自身の Twitter のフォロワーの中でもこのメッセージをリツイートしているユーザーが見られた。また複数の知人からメールでこの手のメッセージがチェーンメールとして寄せられ、その中には報道メディアの記者からのものもあった。筆者自身、この情報は根拠のない流言なので、これ以上チェーンメールを拡散しない方がよい旨の返信をしたくらいである。このように、この流言は Twitter やメールなどの手段を通じてインターネット中で拡大した。このような状況に対してコスモ石油は、翌3月12日に公式サイト上で、以下のようなメッセージを発表した[24]。また千葉県浦安市役所は、同県消防署に確認したところそのような事実はないとして、正確な情報にもとづいて行動するように市民に呼びかけた。このように流言の発生から24時間も経たない早期段階で、企業広報や行政が流言の打ち消し情報を発信したため、大規模な社会的混乱が発生する前に事態を解決することができた。災害時には、こうした企業や行政の情報発信が流言の沈静化において極めて重要である。

4章　震災がもたらした負の側面

> 千葉製油所関連のメールにご注意ください
>
> コスモ石油株式会社
> コーポレートコミュニケーション部広報室
>
> 　本日、「コスモ石油二次災害防止情報」と言うタイトルで不特定多数の方にメールが配信されております。
> 　本文には「コスモ石油の爆発により有害物質が雲などに付着し、雨などといっしょに降る」と言う記載がありますが、このような事実はありません。
> 　タンクに貯蔵されていたのは「LPガス」であり、燃焼により発生した大気が人体へ及ぼす影響は非常に少ないと考えております。
> 　近隣住民の方々をはじめ、関係する皆様に多大なご迷惑とご心配をおかけしております事を心よりお詫び申し上げます。

（コスモ石油公式ウェブサイトより引用）

　東日本大震災では、さまざまな種類のうわさ・流言が発生し、インターネット上で拡大した。それらの中のほとんどが根拠のないデマである。震災後、日本データ通信協会には、震災に関するデマが次々と報告されたという。「数日内に大地震が起こる」、「東京都内で多くの人が逃げ始めた」、といった類のメールやツイートである（日本経済新聞、2011年3月17日夕刊12面）。

　東日本大震災では、TwitterやFacebookなどのソーシャル・メディア、SNSが支援のために役立ったことは2章3節で考察した通りであるが、このソーシャル・メディアによって、うわさや流言が拡大したという側面もあった。特に震災直後に、地震と津波の被害に関するデマの中には悪質ないたずらの類のものも含まれ、災害対策を惑わせた場面も発生した。

> 「【超拡散希望】宮城県花山村はいまだ救助は来ず、餓死した赤ちゃんや老人が後を絶ちません……」（産経新聞、2011年3月30日朝刊1面）

　これは報道でも確認されたネット上のデマの事例のひとつであるが、この花山村は市町村合併ですでに消失しており、現在は栗原市となっている。震度7を観測したものの震災の死者は発生していないことが確認されている。こうしたツイートやメールを拡散する人の中には、善意の意図で行うユーザーも数多く含まれていると思われるが、このような行動は悪質なデマをチェーンメール

の形で拡大させてしまう側面もある。この書き込みを見て、親切心から警察に通報した人もいたという（産経新聞、2011年3月30日朝刊1面）。このように、震災直後の被災地内での被害を伝えるツイートやメールにはデマが多く含まれていたことも確かである。

　また、震災から時間が経過するにつれて、被災地内での窃盗や犯罪に関するうわさや流言が広まった。たとえば、宮城県石巻市における外国人窃盗団に関するデマの事例は有名で、外国人窃盗団が横行し、強盗や強姦が相次いでいるため市民に注意を呼びかける内容の流言であった。このような流言に関して多くの問い合わせを受けた宮城県警は、3月22日の段階でウェブサイト上に「被災後10日間の治安状況」に関するデータを公開し、デマや流言に関する注意を訴えたという（荻上, 2011）。こうしたデマ、流言は被災地において発生した場合には、被災者の生活にさらなる不安を引き起こす原因ともなり、注意が必要である。このように、大震災後に外国人が犯罪を起こすために治安が悪化することを注意喚起して対策を呼びかけるデマ、流言は歴史的に何度も発生してきた。詳細は後の節で考察するが、1923年の関東大震災では朝鮮人が井戸に毒を入れたというデマにより社会的混乱が発生し、1995年の阪神淡路大震災でも被災地での犯罪が増加して治安が悪化していることを呼びかけるデマが発生している。この類の流言は、震災後発生する典型的なデマであり、注意が必要である。

　また、今回の震災では福島第一原発事故の影響で、放射性物質に関わるデマも多く発生した。チェーンメール等で拡大した原発事故関連の流言で、典型的なものは次のような内容のものであった。

　　「福島の原子力発電所で、放射能が漏れているだろうとのことです。知り合いのお医者さんから聞いた情報です。これからしばらく毎日、海藻食品を食べつづけてください。海苔、海藻に含まれるヨード（ヨウ素）を十分にとっておくと、放射能が身体に吸収されずに排出されます。（海苔などをとっていないと身体に放射能が大量に吸収されてしまいます！）みんなも危機感をもってこのメールを周りの人に転送してください。あと1日から2日で、放射能は届いてしまうから、極力、

雪とか雨にはあたらないようにしたほうが良いです。」

　また同様に「イソジンを飲めばいい」、「うがい薬を服用するように」というデマも発生した。確かに、放射性物質による甲状腺からの内部被ばくを防ぐためにはヨウ素剤の事前服用は有効であり、福島県内の自治体も住民に対してヨウ素剤の配布を行ったが、ヨウ素が含まれているものであれば、何を飲んで食べても放射性物質の被ばくを防げるわけではない。イソジンなどのうがい薬をそのまま飲めば体に悪いだけで、効果はほとんどないことが判明している。そのため、厚生労働省や独立行政法人放射線医学総合研究所などが早期段階で、「ヨウ素を含む消毒剤などを飲んではいけません」という呼びかけを行った。原発事故と直接関連するわけではないが、1945年の太平洋戦争時における広島、長崎への原爆投下によってもたらされた原爆災害においても、不安と憶測から日本中で原爆、放射能に関するデマ、流言が広まっている。今まで経験のない災害や、放射性物質という目に見えないもの、高度に科学的な知識を要するものに関しては、個人で対応行動を判断することが難しく、そのため流れてくる情報に依存せざるを得ないという状況が発生する。こうした原子力に関するデマや流言も、公的機関からの正しい情報の発信が不可欠である。

　たとえば、警察庁は震災発生後、ネットで流れるデマを注視し、3月下旬からプロバイダーやサイト管理者らに対して、問題のある書き込みの削除依頼を行ったと伝えられている（日本経済新聞、2011年4月25日朝刊38面）。これに対し、Twitterのサポート事業を行うデジタルガレージや、ヤフージャパンは、公的な機関からの削除依頼に応じる形ではなく、利用者の自主的な判断にゆだねる方針をとっている。

4.3.2　うわさ・流言への接触状況

　それでは、この東日本大震災で発生したうわさ・流言に対して、人々はどれくらい接触したのだろうか。サーベイリサーチセンター（2011）の調査によると、図表4.8のような結果が報告されている。

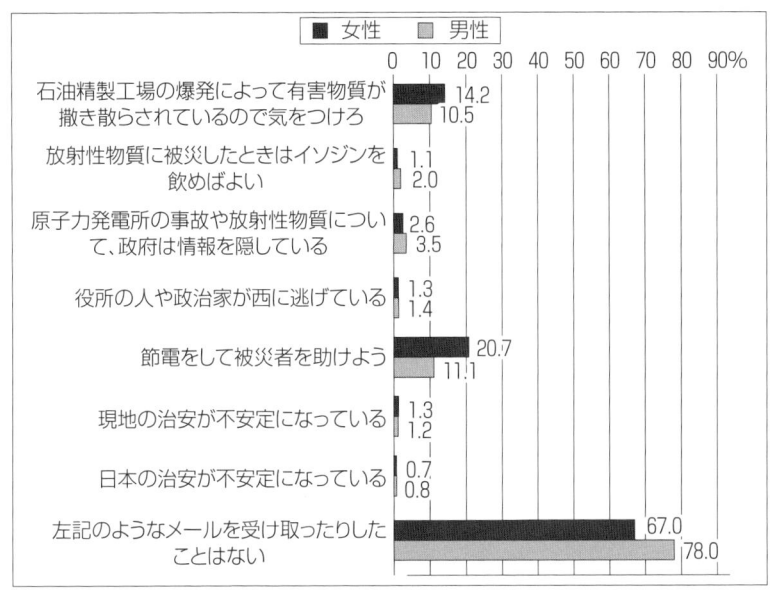

4.3 うわさ・流言とメディア 109

内容	女性	男性
石油精製工場の爆発によって有害物質が撒き散らされているので気をつけろ	14.2	10.5
放射性物質に被災したときはイソジンを飲めばよい	1.1	2.0
原子力発電所の事故や放射性物質について、政府は情報を隠している	2.6	3.5
役所の人や政治家が西に逃げている	1.3	1.4
節電をして被災者を助けよう	20.7	11.1
現地の治安が不安定になっている	1.3	1.2
日本の治安が不安定になっている	0.7	0.8
左記のようなメールを受け取ったりしたことはない	67.0	78.0

図表 4.8 地震発生後に受け取ったチェーンメールの内容（複数回答）
（サーベイリサーチセンター・災害と情報研究会, 2011）

　男性で78.0％、女性で67.0％の人がこうしたうわさや流言に関するチェーンメールを受け取っていないと回答している。全体的に見れば、ほとんどの人がこうしたメールに接していないことがわかる。しかしながら、先ほど紹介した「石油精製工場の爆発によって有害物質が撒き散らされているので気をつけろ」といった内容のメールを受け取った人は男性で10.5％、女性で14.2％いたことがわかる。ここでは男性より女性の方が多い傾向が見られた。「イソジンを飲めばよい」というメールへの接触率は、男性で2％、女性で1.1％であった。また、「現地の治安が不安定になっている」というメールへの接触率は男性で1.2％、女性で1.3％であった。このように見ると、全体から見ると非常に小さい数字であるが、こうしたチェーンメールが発生して、ネット上で拡大していたことがわかる。特に、接触率が一番高かったものは、石油精製工場の有毒物質に関するものであった。

　また、福田充研究室の調査によると、全体の30.9％の人が「石油精製工場の

110　4章　震災がもたらした負の側面

項目	%
「放射性物質に汚染された時はイソジンを飲めばよい」というメールやSNS(Twitter,Facebookなど)の書き込みを読んだ	12.9
「石油精製工場の爆発によって、有害物質が撒き散らされているので、気をつけろ」というメールやSNSの書き込みを読んだ	30.9
「現地の治安が不安定になっている」というメールやSNSの書き込みを読んだ	8.9
多くの人に知らせるために、受け取ったメールやメッセージを他の人に転送した	7.4
身の回りの人を守るために、受け取ったメールやメッセージの内容を知人や家族に電話や対面で話した	10.4
多くの人に知らせるために、受け取ったメールやメッセージをネットの掲示板やブログ・SNSに書き込んだ	1.2
上記に該当しない	48.8

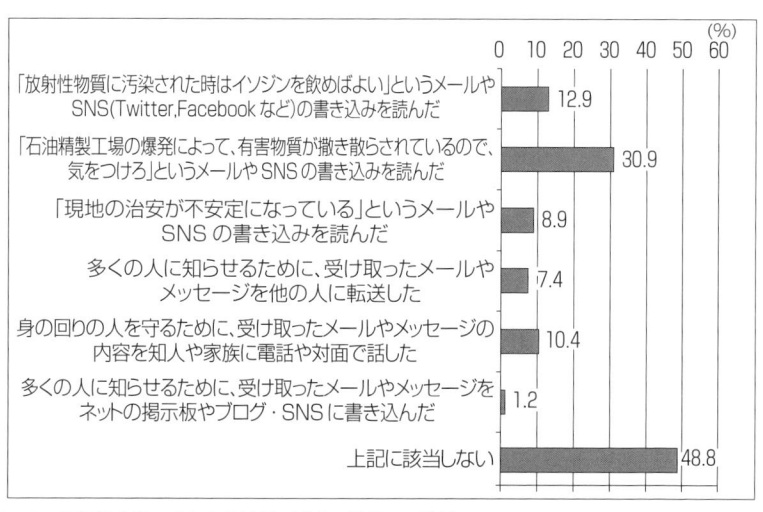

図表 4.9　地震発生後のうわさや流言に関する情報への接触（複数回答）（福田充研究室，2011）N = 404

爆発によって、有害物質が撒き散らされているので、気をつけろ」というメールやSNSの書き込みを読んだと、回答していることがわかる。この東京都民の調査で限ると、このように3割の人がネットを通じてこの情報に接触していることが明らかとなった。また、12.9％の人が「放射性物質に汚染された時はイソジンを飲めばよい」というメールやSNSの書き込みを読んだと回答している。また、震災の「現地の治安が不安定になっている」というメールやSNSの書き込みを読んだと回答した人が8.9％いることも判明した。このように、先に紹介したデマの事例に関して、ある一定の割合で接触した人がいることがわかる。さらに、このようなデマをどれくらいの人が他の人に転送、拡散したかを見ると、「多くの人に知らせるために、受け取ったメールやメッセージを他の人に転送した」という回答者が7.4％、「多くの人に知らせるために、受け取ったメールやメッセージの内容を知人や家族に電話や対面で話した」という回答者も10.4％、「ネットの掲示板やブログ・SNSに書き込んだ」という回答者もわずかながら1.2％いることがわかった。この数値を見ると、上記の3つのデマに接触した人の割合と比較して、それを他人に伝えた人の割合は非常に

高いことがわかる。このように、こうしたデマをネット経由で入手した人々のうちかなり高い割合で、人は家族や知人に対してその情報を伝え、さらにその手段はメールを転送するだけでなく、電話や口伝え、ネットの掲示板やブログなど幅広い手段で拡散されることが明らかになった。クロス分析の結果、こうしたデマのネット情報への接触率が高いのは性別で見ると女性が多く、年齢では30代から50代がもっとも多いことがわかった。

このような災害時に発生するデマや流言について、それが正しい情報かどうかを判断するメディア・リテラシーの教育は非常に重要であり、こうしたデマのチェーンメールを他人に転送しない、拡散しないというネチケットの確立も極めて重要である。

4.3.3 うわさや流言のメカニズム

これまで東日本大震災で発生したうわさや流言について考察してきたが、過去に起きた災害でも数々のデマや流言が発生している。その中でも大きな社会的混乱につながった事例のひとつが、1923年の関東大震災における「朝鮮人流言」である。これは震災発生日の夜から翌日にかけて、被災地において被災者の中で拡大した（姜・琴, 1963）。横浜や川崎など一部の地域で「朝鮮人や社会主義者が放火している」という流言が広まり、横浜では、「朝鮮人が井戸へ毒を入れたため、井戸の水を飲まないように」とする流言が拡大し、被災地で騒乱が発生する事態となった。この関東大震災では、「朝鮮人流言」が原因で民衆によるリンチ事件が起こるなど、流言飛語の恐ろしさが伝えられている（橋元, 1986）。これは、大震災においてデマが拡大することによって発生したパニック現象の典型的な事例である。また、1982年の浦河沖地震では、地震の数日後から「近いうちにまた大地震がくる」という流言が発生し、被災者を混乱させた。さらに1984年の長野県西部地震でも、さまざまな種類の流言が発生している（廣井, 1988）。1995年の阪神淡路大震災でも同様に、被災地での強盗や強姦など、治安の悪化を伝えるデマが流言として拡大し、それは当時の日本に上陸したばかりのインターネットやパソコン通信を通じて、ネット上で

も発生した。このように、大震災におけるデマや流言は歴史的に繰り返されているのである。

廣井（1988）によると、うわさ、流言、デマはすべて、情報が人から人へとコミュニケーションされる現象である。デマとはデマゴギーの略語で、本来は政治的な敵を中傷するために悪意のある情報を意図的に捏造し、社会を煽動することを意味している。また、うわさは、人々のコミュニケーション過程において自然発生した情報が、関心を持つ集団の内部で拡大していく現象である。そして、そうしたデマやうわさが社会に拡大していく過程や状態が流言、または流言飛語と呼ばれる。

シブタニ（1966）は、うわさを「あいまいな状況にともに巻き込まれた人々が、自分たちの知識を寄せ集めることによって、その状況について有意味な解釈を下そうとする」行為として定義している。つまり、災害の発生によって不安定で不確定な状況に置かれた人々が、自分たちの置かれた状況について確認するために不足した情報から知識を寄せ集めて推測し、それを語り合うことによって拡大していく過程として、うわさをとらえることができる。また、オルポートとポストマン（1947）は、流言に関する基本法則を、「R（うわさ話の流布量）＝ i（うわさ話の重要度）×a（うわさ話の曖昧さ）」として定式化している。つまり、うわさ話が流言となり拡大する量は、そのうわさ話が人々にとって重要なほど、そして、そのうわさ話が曖昧であるほど、大きくなるという論理である。災害において人々は生死に関わる重要な情報をコミュニケーションすることになるが、その情報の中には真偽の判明しない曖昧な情報が含まれており、重要であるが曖昧な情報ほど、人々は確認のためにその情報についてコミュニケーションを行う。そのコミュニケーションによって、うわさや流言は拡大するのである。

さらに廣井（1988）は災害時に発生する流言を、2つのタイプに分類している。それは「噴出流言」と「浸透流言」である。「噴出流言」とは、災害による被害が甚大で、平常時の社会組織や社会規範が一時的に消失してしまうような状況で発生する流言のことである。この噴出流言は災害の影響で非常に強い

感情的興奮を伴い、そのため日常的なコミュニケーション・ネットワークの域を超えて、社会全般に急速に広がり、人々を極端な行動に駆り立てることもあり得る。また「浸透流言」は、災害の被害が比較的軽微で、既存の社会組織や社会規範が残っている状態で発生する。浸透流言は日常的コミュニケーション・ネットワークの中でじっくりと時間をかけて浸透していくため、ある程度長時間持続することが多いという。浸透流言は比較的穏やかな感情のもとに発生するため、極端な社会的混乱にはつながらない。浸透流言が一般的で数多く発生するが、噴出流言のように制御が困難なパニック現象や、群衆の暴力行為など社会的混乱を引き起こす流言はごく稀である。

また、橋元（1986）はコミュニケーション行為としての流言の持つ機能について分類し、流言の①情報伝達機能、②事実確認機能、③感情表出機能、④行動指示機能を指摘している。流言には、①情報伝達をするだけでなく、②お互いにコミュニケーションで事実を確認し合う側面や、③感情を表出し合って安心を求める機能や、④他者に対して対応行動を指示するような機能もあるのである。

大震災において発生するうわさやデマ、流言という現象をどのように抑制し、社会的混乱を防ぐことができるか、そのデマや流言を拡大させるのもメディアであれば、それを抑制し、社会に正しい情報を呼びかけることができるのもメディアなのである。この災害におけるうわさやデマ、流言の問題は、まさにコミュニケーションの問題であり、メディアの問題として研究、考察が続けられる必要がある。

4.4 福島第一原発事故と放射線ストレス

大地震と大津波によって発生した東日本大震災は、福島第一原発事故と、福島第二原発事故を引き起こした複合災害であった。この福島第一原発事故はこれまで戦後の日本で繰り返されてきた小規模な原発事故、また1999年に発生した茨城県JCO臨界事故などの規模をはるかに超えた、日本史上最悪の原子

力事故となった。この福島第一原発事故は、1979年にアメリカで発生したスリーマイル島原発事故のレベル5を超え、86年にソ連で発生したチェルノブイリ原発事故と同等のレベル7に位置づけられた。この福島原発事故は事故発生からまもなく1年を迎えようとしている2012年初頭の段階においても、未だ収束していない。この福島第一原発事故はどのように発生し、それに政府やメディアはどのように対処し、それによって発生した放射性物質汚染に対して、人々がどのような意識を持っているか、この節で考察したい。

4.4.1 福島第一原発事故とメディア報道

　福島第一原発は、福島県双葉郡大熊町と双葉町にまたがる太平洋沿岸に位置する。2011年3月11日の大地震発生時には6つある原子炉のうち、1〜3号機が運転中で4〜6号機は定期点検中であった。震度6強の地震を感知した1〜3号機は自動停止した。地震直後に大津波警報が発表され、福島県には高さ3メートルの津波が来ると予想されていた。福島第一原発で本来設計上想定されていた津波の高さは最高5.7メートルで、原子炉建屋は標高10メートルのところにあった。しかし、大地震によって15時半過ぎに襲来した津波の高さは約15メートルを超え、原子炉建屋は浸水した（共同通信社, 2011）。この原発を襲った地震と津波の大きさにも「想定外」の表現が用いられたが、想定外だったのはそれだけではなかった。原発の炉心は地震や津波に耐えられる強度をもって設計されていたものの、冷却系装置やバックアップ電源などの周辺装置は大地震や大津波に耐えられず、何重にも整備されていた電源のバックアップはことごとく使用できなくなり、炉心の冷却機能が停止し、この福島第一原発事故は発生したのである。当時の菅首相は3月11日19時3分に「原子炉冷却水の喪失が発生している」として、原子力災害対策特別措置法に基づき、緊急事態宣言を発表した。このときすでに1号機の中では核燃料が露出し、メルトダウンが発生していたことが後々判明する。

　原発事故に対し、まず政府は3月11日20時50分に、福島第一原発から2キロ圏内の住民に避難指示を出した。その後21時23分には避難指示を3キロ

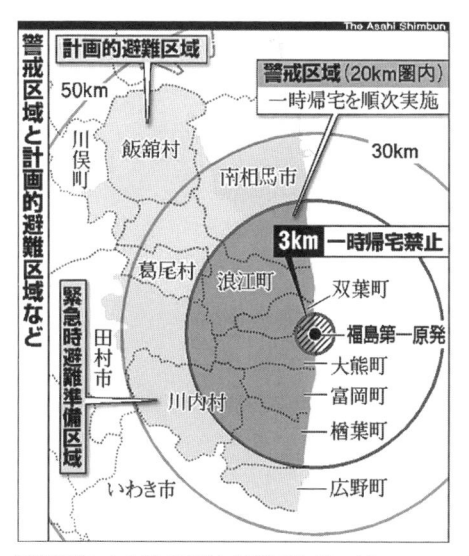

図表 4.10　福島第一原発事故による警戒区域と避難区域 (朝日新聞、5月8日朝刊39面より引用)

圏内まで拡大し、10キロ圏内の住民には屋内退避が指示された。さらに翌日の12日の5時44分に避難指示を10キロ圏内に拡大、その日の午後、1号機で水素爆発が発生した。菅首相は、この水素爆発を日本テレビのテレビ中継で見たという。日本中の人々がその同じタイミングで各局のテレビ中継で建屋が爆発する映像を目のあたりにしたのである。そこから、福島第一原発事故とメディア報道の長い闘いが始まったといえる。

　3月12日18時25分に住民への避難指示は20キロ圏に拡大され、津波被害の沿岸部での救助作業や捜索活動が中止された。福島第一原発の周辺自治体の浪江町、富岡町、楢葉町などでも周辺住民の大規模な移動が必要となり、自治体による輸送作戦が展開された。15日には20～30キロ圏内の住民に屋内退避が指示された。3月22日から福島第一原発から半径20キロ圏内の避難指示区域は災害対策基本法に基づく「警戒区域」として立ち入り禁止に、警戒区域以外で、放射線レベルが積算年間20ミリシーベルトに達する恐れのある地域を「計画的避難区域」に指定した。さらに政府は自主的避難地域として「緊急避難準

備区域」も指定した（図表4.10参照）。

　この日本の原子力政策史上最大の避難計画には混乱が伴い、その後もさまざまな問題が発生した。事故発生後のクライシス・コミュニケーションに関わる問題である。以下に原発対策におけるクライシス・コミュニケーションの問題を列記したい。

　1）原発事故後、避難指示が当初の2キロから3キロ、そして10キロから20キロへと漸次段階的に拡大されたことは、実際の被害状況と比較して間違いだったと非難されることとなった。また、短期間で収束した99年の茨城県JCO臨界事故のイメージが政府にも自治体にも住民にもぬぐえず、数年を超える長期避難になる可能性を当初は想定できなかったことも問題であった（毎日新聞、2011年3月26日朝刊3面）。

　2）菅政権の原発事故対策の指揮命令系統にも混乱が発生した。原発事故発生後、菅首相のいる首相官邸と、事故を起こした事業者である東京電力、その東京電力を監督する官庁である経済産業省原子力安全・保安院の3者間のクライシス・コミュニケーションが構築されておらず、常に首相官邸からの指揮命令は、原子力安全・保安院を経由して東京電力に伝わる仕組みとなっていたため、素早い危機管理の対応ができず、原発事故対応に支障が出たため、菅首相は事故発生後4日目にようやく政府と原子力安全・保安院、東京電力の3者が統合された、「福島原子力発電所事故対策統合本部」が東京電力本社に設置され、菅首相が本部長に就任した。危機管理の観点からいえば、事故後の対策本部は最初から統合本部であるべきであり、そうしたシステムが事前から構築されていなければならなかった。

　3）記者会見による原発事故の情報発表が混乱したことも問題であった。政府、首相官邸からの枝野幸男官房長官からの記者会見が続き、メディア報道はその情報を刻々と伝えたが、その政府発表は常に後手に回り、官僚の作文した科学技術的情報は難解で、メディアの記者も、そのオーディエンスにも理解が困難であった。クライシス・コミュニケーションにおける政府の情報発表のあり方を根本的に見直す必要がある。

4）また、その記者会見においても、首相官邸からの記者会見と東京電力の会見、原子力安全・保安院による会見が個別に乱立し、互いの情報や評価にずれがあったりしたことから、原発事故に関する情報発表にも混乱が発生した。東京電力や原子力安全・保安院の記者会見もメディア対応がきちんとできていたとはいえず、情報隠しをする隠蔽体質とみなされ批判の対象となった（毎日新聞、2011年4月2日朝刊11面）[25]。

5）文科省が運営するシステムである、緊急時迅速放射能影響予測ネットワークシステム（SPEEDI）の情報がメディアや国民に発表されずに事故対策にも利用されなかったことも批判された。SPEEDIは、原発の原子炉から大量の放射性物質が外部に放出された場合に、その放出源や放出量等の情報を気象予測や地形データを計算しながら大気中の拡散シミュレーションを実施し、大気中の放射性物質の濃度や線量分布を予測するためのシステムである。本来、文科省が運営するSPEEDIは原発事故発生時に住民の避難指示等に利用されることを想定していなかったため、今回の福島第一原発事故でも全く使用されなかったが、そのシステムの存在や情報を政府が発表しなかったため、メディアや国民からはその情報を隠していたのではないかとの批判が発生した。シミュレーションレベルの情報をいかにして避難指示等の政策に活かしていくべきか、その運用方法が確立される必要がある。

6）政府と自治体との間のディスコミュニケーションも発生した。政府が発表する避難指示の拡大や、警戒区域等の発表が、福島県の各自治体にきちんと伝わらないという事態も発生し、自治体にファックスだけで通達されてその送り先に漏れがあった事例もあった。また、避難指示の拡大や警戒区域の発表について、政府からの情報が自治体に届く前に、テレビ報道でそのことを知ったという福島県の市長の声もあった。これは、筆者が被災地調査で訪問した自治体の市長からインタビューで直接聞いた事例である。毎日新聞が実施した原発自治体アンケートの中でも、政府に対する情報発表のあり方に不満が出ている（毎日新聞、2011年4月15日朝刊3面）[26]。

7）日本政府と外国政府との間のディスコミュニケーションも発生した。日

本政府が原発事故の詳細な情報発表が後手に回ったため、日本国内の各国大使館はそれぞれの判断で避難を実施した。また、福島第一原発の汚染水の海洋投棄の発表も遅れたため、韓国やロシアなど周辺国から非難される事態を招いた。こうした国境を超えるグローバル・リスクである原発事故については、外国政府に対する情報提供を同時並行的に実施しなければならないことを忘れてはいけない。

8）同じように、政府が海外メディアに適切な情報を発信しなかったことによって発生したディスコミュニケーションも存在する。政府が実施した記者会見から排除されていた海外の多くのメディアはそれぞれが自主的な取材を行って各国に報道したため、誤報や過剰な報道が発生し、その結果、国際的な風評被害が発生した。その後、政府は海外メディアに向けた情報発表も実施するようになったが、事故当初こそ必要な対応であった。こうした、危機事態における海外に向けたパブリック・ディプロマシーの確立も求められている。

9）メディア報道にもさまざまな問題があった。テレビや新聞などのメディア報道は、原発事故のような危機事態では情報源が政府や原子力安全・保安院、東京電力に集中するため、その記者会見や情報発表に依存せざるを得ない体制が発生する。こうして、記者会見で発表されたことをそのままテレビ中継するテレビ報道、記者会見で発表されたことをそのまま活字にして流す新聞報道など、原発事故による初期のメディア報道が発表ジャーナリズムにならざるを得なかった点は、ジャーナリズムとして反省が必要である。

10）また、同じくメディアの問題として、原発事故に関する科学情報のメディア報道に適切な解説機能が足りなかったことも重要な課題である。原子力発電という高度な科学技術に関する情報を、メディアの読者や視聴者にどのようにしてわかりやすく伝えるか、各新聞社やテレビ局が工夫し、解説記事なども多く設けられていたが、それでもまだ政府と自治体や、メディア、住民が手探りでリスク・コミュニケーションを行っていたような状況で、こうした高度な科学技術に関するリスク・コミュニケーションをどう確立していくか、政府にも、メディアにもそしてオーディエンスである国民にもリスク・リテラシーが

必要とされている。

11）そして、こうした原発事故の実害の発生と、メディア報道によって風評被害が発生したことも検討されるべき課題である。この風評被害については、次の4章5節で考察したい。

4.4.2 原発事故がもたらした不安と放射線ストレス

　福島第一原発事故によって、日本中の人々に放射性物質による被曝の不安が拡大した。3月19日、福島県の牛乳と茨城県のほうれん草から基準値を超える放射線量が検出された。これに対し菅首相は21日、福島・茨城・栃木・群馬の4県にほうれん草とカキナの出荷停止を指示した（朝日新聞、2011年3月22日朝刊1面）。また4月4日、東京電力は福島第一原発の廃棄物処理施設に溜まった低レベル放射性物質を含む大量の汚染水を海に放出した。その結果、茨城県の沖合いで取れたコウナゴから基準値を超える1キロあたり4080ベクレルの放射性ヨウ素が検出された。茨城県はコウナゴの出荷自粛を要請した。また、いわき市沖で獲れたイシガレイ、アイナメ、ヒラメからも放射性セシウムが検出された（朝日新聞、2011年4月6日朝刊3面）。3月23日には、東京都葛飾区の金町浄水場で採取した水道水から、1キロあたり100ベクレルを超える放射性ヨウ素が検出された。このように、福島第一原発事故が原因と見られる環境汚染が発覚し、人々が口にする食料品や飲料水にも放射性物質が含まれる事態となった。

　福田充研究室の調査によると、原発事故とその後の放射性物質による汚染に関して、人々が多様な不安を感じていることが明らかとなった（図表4.11参照）。「福島第一原子力発電所の今後の推移が不安だ」という回答者は、「とてもあてはまる」と「ややあてはまる」を足し合わせて91.9%に達している。また、それによって「全国の原子力発電所の安全性が不安だ」と回答している人は85.6%にのぼっている。そして、福島第一原発事故によって、日本中に不安を拡大させた放射能や放射性物質に対する意識を見ると、「自分や家族が放射能に汚染されているか不安だ」と回答した人は51.5%おり、約半数の人が自分や

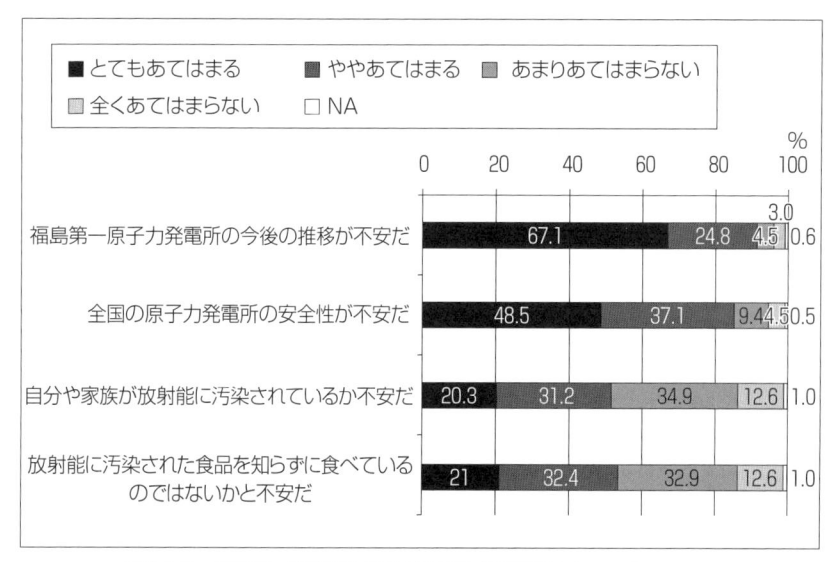

120　4章　震災がもたらした負の側面

図表 4.11　福島第一原発事故に対する不安（福田充研究室，2011）　N = 404

項目	とてもあてはまる	ややあてはまる	あまりあてはまらない	全くあてはまらない	NA
福島第一原子力発電所の今後の推移が不安だ	67.1	24.8	4.5	3.0	0.6
全国の原子力発電所の安全性が不安だ	48.5	37.1	9.4	4.5	0.5
自分や家族が放射能に汚染されているか不安だ	20.3	31.2	34.9	12.6	1.0
放射能に汚染された食品を知らずに食べているのではないかと不安だ	21	32.4	32.9	12.6	1.0

家族の体が放射能に汚染されているかどうか不安に感じていることが明らかとなった。また、「放射能に汚染された食品を知らずに食べているのではないかと不安だ」と回答した人も 53.5％いて、放射能汚染された食品に対する不安も非常に高いことがわかった。

　このような放射能、放射性物質に対する不安が、ストレスを発生させるという指摘がメディア報道でも多く取り扱われた。本来、自然災害やテロ、大規模事故などの危機の発生によって受けたストレスのことを、「惨事ストレス」(Critical Incident Stress) という（松井, 2009）。松井 (2009) によると、大災害を経験した人の中に外傷性のストレス反応を示すケースが多く、罪悪感やうつ状態を伴うケースもあるという。また、惨事ストレスを受ける人には階層性があり、災害による直接的な被災者・被害者のことを「1次被害者」、その被災者・被害者の家族・保護者（遺族を含む）のことを「1.5次被害者」、さらに、警察や消防、自衛隊などの災害の初動対応者（ファースト・レスポンダー）や、災害時の医療にたずさわる医師や看護師、被災地に訪れる災害ボランティアや

報道関係者のことを「2次被害者」、そしてメディア報道で衝撃を受けるオーディエンスのことを「3次被害者」と分類している。これらの1次被害者から、3次被害者までが惨事ストレスを受けており、彼らのストレスへの対処が必要になる。普通の自然災害や、テロ、大規模事故は被災地が空間的に限定されているため、被災地に入る人々と被災地の外にいる人々は厳密に区別することができ、この1次被害者から3次被害者まで明確に分けることができるが、原発事故などの原子力災害にはこうした区別が不明確になる。原発事故によって放出される放射能や放射性物質は、極めて広い範囲に拡散し、いわゆる被災地の外の住民にまで被害を及ぼす可能性があるからである。そういう意味で、原子力災害によるストレスは、特殊な現象と考えることができる。たとえば、放射線は目に見えないため、被害を自覚することが当初は困難である。また高度な科学技術に関する問題であるため、自力で効果や影響を判断することが困難である。さらには、放射能や放射性物質に対する専門家の見解も不一致であるため、一般人にはどの見解が正しいか、判断することが難しい。そうした条件が、人々に不安を抱かせ、ストレスを発生させる要因になっている。実際、チェルノブイリ原発事故では、身体的な被曝の影響よりも、精神的ストレスによるアルコール依存症や人工妊娠中絶等が問題になったという指摘もある。

　こうした原発事故に起因する放射能や放射性物質に対する不安から発生するストレスは「放射線ストレス」と呼ばれている。人々はメディアが報道する東北地方と関東地方の放射線量や自治体が発表する地域の放射線量に対して注目し、メディアの報道だけでは納得できない住民は独自に放射線測定器を購入して放射線量を計測する人々も多く発生した。自身や家族が口にする食べ物や飲料水が放射能汚染されていないかを心配し、洗濯物を外に干してよいかどうかを心配し、空から降る雨や雪にあたってよいかどうかを心配しなければならない状態に置かれ、生活のすべてが放射線量と関連づけて考えねばならないという環境が放射線ストレスを発生させている。

　こうした原子力発電に対する不安については、福島第一原発事故以前からこれまでも長年研究されてきた。たとえば、1999年の茨城県JCO臨界事故の発

生後に茨城県東海村周辺の一般住民に実施した廣井ら（2001）の調査でも、原子力発電に対して「不安である」という回答は、「なんとなく不安である」という回答と合わせて、86.1％にのぼっている。またその不安である理由については、「事故が起きる可能性があるから」という回答が79.9％、「虚偽報告やデータ改ざんなどの不祥事が続いたから」という回答が54.0％と多く、「原子力に関する情報公開が不十分だから」（47.8％）、「原子力発電所の故障や事故などのマスコミ報道がなされて」（26.8％）などが続いている。JCO臨界事故後の周辺住民の原子力発電に対する不安は非常に高かったことがわかる。

また、中村ら（2006）は東京都民と原発立地県の福井県民に対して、原子力発電に関する意識調査を実施している[27]。図表4.12のように、東京都民の原子力発電に対する不安や心配は非常に高い傾向があることが明らかとなった。その傾向は福井県民の結果とも非常に近く、原発立地県の県民と、原発から遠

項目	あてはまる	ややあてはまる	あまりあてはまらない	全くあてはまらない
原子力発電はおそろしいものだと思う	21.6	45.7	28.6	4.1
放射能は目に見えないので、なんとなく気持ち悪いと思う	48.7	34.3	14.3	3.7
原子力関連施設は事故になると大変なことになると思う	78.0	18	2.4	1.6
原子力事故による放射能汚染の影響は予測できないので怖い	61.6	31.4	5.7	1.3
原子力発電は子どもの健康にとって有害だと思う	29.0	33.9	30.2	6.9
原子力関連施設で放射能が漏れた場合、将来的な健康が心配だ	71.8	24.9	2.9	0.4
原子力事故があったとき自分のことよりも幼児や子どもが放射能汚染の影響があるかもしれず心配だ	57.1	36.7	5.7	0.5

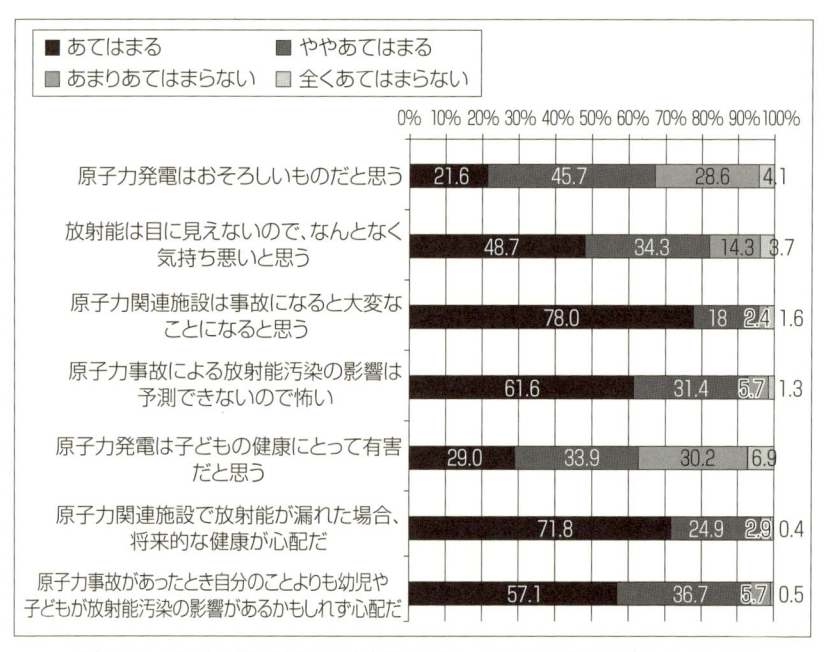

図表4.12　原子力発電に対する不安意識（中村ら，2006）東京都民調査データ　N = 245

く離れた東京都民でも原発に対する不安では非常に似た傾向があることが明らかとなった。具体的に見ると、「あてはまる」という数字だけを見ても、「放射能は目に見えないので、なんとなく気持ち悪いと思う」と回答した人が48.7％、「原子力事故による放射能汚染の影響は予測できないので怖い」と回答した人が61.6％、「原子力関連施設で放射能が漏れた場合、将来的な健康が心配だ」という回答が71.8％、「原子力事故があったとき自分のことよりも幼児や子どもが放射能汚染の影響があるかもしれず心配だ」という回答が57.1％であった。これらは、「ややあてはまる」という回答を合わせると、8割から9割の人があてはまると回答しており、原子力事故が発生していなかった平常時の2005年の段階でも、東京都民の中ではこうした原子力発電に対する不安が高かったことがわかる。この調査には筆者も参加している。

また、これと同じ調査において福田（2006）は、原発施設に対するテロの不

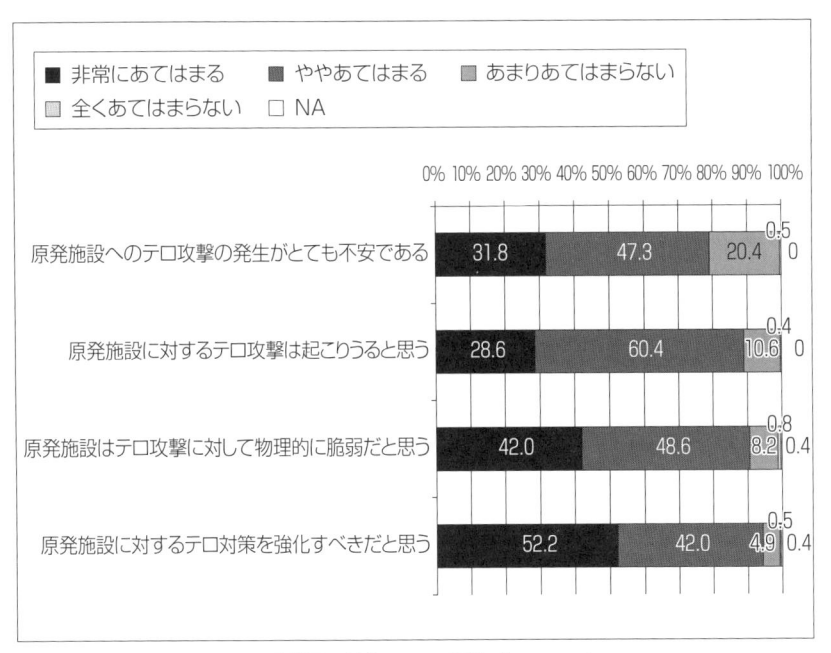

図表4.13　原発施設に対するテロの不安（福田, 2006）N = 245

安を検証している（図表4.13参照）[28]。「あてはまる」と回答した人だけの数字を見ても、「原発施設へのテロ攻撃の発生がとても不安である」と回答した人が31.8%、「原発施設に対するテロ攻撃は起こりうると思う」と回答した人が28.6%、「原発施設はテロ攻撃に対して物理的に脆弱だと思う」という回答が42.0%、「原発に対するテロ対策を強化すべきだと思う」という回答が52.2%という結果となった。さらにこの数字に「ややあてはまる」という回答を足し合わせると約8割から9割の人が、これらにあてはまると回答しており、原発テロへの不安や発生可能性の認知、対策強化の要望は極めて高いことが明らかになった。

福島第一原発事故の以前から、こうした研究によっても、原発への不安は示されていたのである。

4.4.3　メディア報道による共感疲労

東日本大震災が発生した後、毎日のようにテレビや新聞は大震災の状況を報道し続けた。テレビ局も地上波のキー局のほとんどが、震災後数日間は災害報道であったことは2章1節で触れた通りである。その結果、被災地の外部にいる人々も、テレビや新聞、雑誌などの災害報道によって、連日被災地の被害状況を映像で繰り返し視聴することになった。大地震で倒壊した町並みや、津波によって流された家々や車などのショッキングな映像が、テレビ番組でも繰り返し流された。毎日その被災地の映像を見続けることで、心理的につらくなった視聴者も多かったのではないだろうか。

被災地にいなくても、連日被災地の状況に映像で接しているうちに、その災害の映像のインパクトが視聴者の心理にダメージを与え、共感する視聴者の心理が疲労してしまう状態を「共感疲労」と呼ぶことができる。前述の惨事ストレスのタイプの中では、3次被害者に分類される。共感疲労は、災害報道の結果、ショッキングな映像やストーリーが視聴者にもたらすストレスであり、それがひどい状態になるとトラウマになるような症状である。これもメディア報道の心理的効果の一種と考えることができる。

4.4 福島第一原発事故と放射線ストレス

　共感疲労は、ジョインソン（1992）が看護師のバーンアウト（燃え尽き症候群）に関する研究において初めて使用した概念とされている（真木・小西，2005）。つまり、災害や大規模事故によって発生した大量の被災者を支援、看護する人々の心の中で発生するバーンアウトをもたらす要因のひとつと考えられる。こうした災害や大規模事故で発生したトラウマを抱える被災者、被害者に共感的に関わることによって、心身が疲労した状態になることを指す概念であった。フィグリー（2003）らの研究によって、この共感疲労は医療従事者や救急隊員、心理カウンセリングなどの職業に従事する人々に拡大、応用された。この共感疲労に関する調査研究から、①代理性トラウマとして蓄積される共感疲労、②否認感情、③PTSD様の共感疲労、④援助者自身のトラウマ体験の4つの因子が抽出されている（藤岡，2008）。

　東日本大震災に際して、香山（2011）は震災のテレビ映像からも間接的なPTSDが発生する可能性を指摘し、テレビの津波映像が目に焼き付いて離れないと訴える事例などを紹介している。またメディアを通じて伝えられる被災地の状況に対して、被災地外にいて何もできない自分に無力感や罪悪感を感じ、被災者に対して日々共感しすぎることで共感疲労の状態になる可能性を指摘している。実際、災害やテロ、大規模事故などのショッキングな映像を見聞きしたときには、その生々しい状況を鮮明に記憶していることがあるが、ブラウンとカリック（1977）はこれを、フラッシュバルブ・メモリと名づけた（大上・箱田，2009）。メディア報道として接触した大震災の被害映像が、視聴者の中でフラッシュバルブ・メモリとして記憶され、それが正確に永続的に保持されることで、心理的な影響を及ぼすと考えることができる。

　それでは人々は実際にこうした大震災の映像に接して、どのような影響を受けたのだろうか。福田研究室の調査結果を見ると、図表4.14のような結果が得られた。「とてもあてはまる」と「ややあてはまる」の数値を足し合わせて考えると、「震災の映像などを観ると、自分の無力さを感じる」と回答している人が70.3％いることがわかった。非常に多くの人が震災のメディア報道に対して自己の無力感を感じていることが明らかになった。「震災の映像などを観

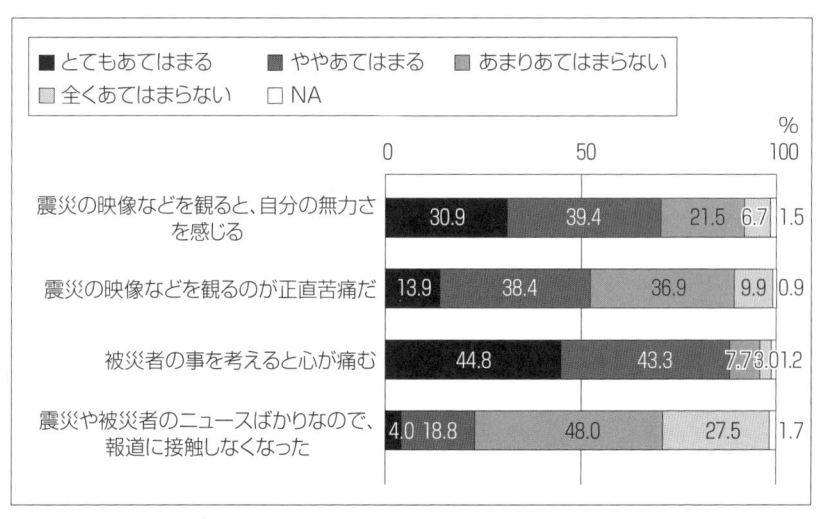

126　4章　震災がもたらした負の側面

図表 4.14　メディア報道によって発生した共感疲労（福田充研究室，2011）N = 404

項目	とてもあてはまる	ややあてはまる	あまりあてはまらない	全くあてはまらない	NA
震災の映像などを観ると、自分の無力さを感じる	30.9	39.4	21.5	6.7	1.5
震災の映像などを観るのが正直苦痛だ	13.9	38.4	36.9	9.9	0.9
被災者の事を考えると心が痛む	44.8	43.3	7.7	3.0	1.2
震災や被災者のニュースばかりなので、報道に接触しなくなった	4.0	18.8	48.0	27.5	1.7

るのが正直苦痛だ」と回答した人は 52.3％おり、「被災者の事を考えると心が痛む」と回答した人も 88.1％もいることがわかった。これらの人々はメディア報道からの震災の映像から共感疲労に似た症状が発生していると解釈することもできる。クロス分析の結果、こうした心理状態にある人は、男性よりも女性の方に多い傾向があることが明らかになった。

　大震災のメディア報道には、被災地の被害状況や被災者の問題について報道する非常に重要なジャーナリズムとしての役割がある。地震や津波の被害を映像で繰り返し伝えることにも、報道としての大事な意味があることは確かだが、ショッキングな映像が繰り返し提示されることによって、視聴者の中で心理的なストレスや、共感疲労といった影響が発生することに配慮する必要があるだろう。

4.5　風評被害とメディア

　東日本大震災をもたらした大地震と大津波の被害からも、また福島第一原発

事故による放射性物質の汚染被害からも、風評被害が発生した。実際どのような風評被害が発生し、その原因は何だったのか、風評被害の発生のメカニズムについても考察したい。

4.5.1　東日本大震災における風評被害

今回の東日本大震災での顕著な特徴は、福島第一原発事故による放射能汚染に関する風評被害が拡大したことである。しかしながら、風評被害が拡大するには、その原因となる物理的被害が存在することも確かである。福島第一原発事故がもたらした物理的被害とは、放射性物質であるヨウ素やセシウムが空気中に拡散し、東日本の広範囲に拡大したことによるものである。食品が市場に出荷される際に参照される放射性物質の基準値が存在し、それを超えると出荷規制や摂取規制の措置がとられることになっている。日本の食品行政は食品の安全、安心を徹底するために、これまでこの基準値を厳しく設定していたという前提があった。

震災発生後、初めて基準値を超える放射線が検出されたのは福島県産の牛乳と茨城県産のほうれん草だった。これに対し、20日にJA（全国農業協同組合中央会）が政府に風評被害を防ぐための対策を要請したが、21日には当時の菅首相が福島・茨城・栃木・群馬の4県にほうれん草とカキナの出荷停止を指示した。放射性物質による出荷停止という事態に消費者の不安が高まり、出荷制限されていない作物まで価格が下落する事態が発生した（朝日新聞、2011年3月22日朝刊1面）。このように本来「安全」であるにもかかわらず、実際の規制対象とカテゴリー的に近接しているために混同された食品や商品、土地が誤った風評の拡大によって人々によって危険視され、消費されなくなる現象を風評被害という。この不安による連鎖と拡大は食品や飲料水だけではない。観光や商取引、金融市場にも影響を与え、経済的被害をもたらす（関谷, 2011）。

確かに、放射性物質の基準値を超えたため出荷規制、摂取規制が政府から発表された場合には、メディアは社会に報道する義務があり、使命がある。それによって、人々は政府の措置を知ることができ、対応行動をとることが可能に

なる。そのため、こうした原発事故に関する災害情報の伝達にも、メディア・コミュニケーションは不可欠である。しかしながら、こうした食品などの放射性物質に関する報道が、連日テレビ報道のトップニュースとなり、新聞の1面トップ記事になることによって、オーディエンスの中には不安が拡大することになる。この風評被害の問題は、政府の情報発信の問題であり、メディア報道の問題でもある。

　この状況において、枝野官房長官の記者会見やテレビ報道に登場する原子力の専門家は「この食品を摂取し続けたとしても、直ちに健康に影響を及ぼすものではない」と連日にわたって食品の安全性を強調した。これは放射性物質に対する不安をおさえ、生産者に配慮したリスク・コミュニケーション上の措置であったと考えられるが、出荷規制はするが健康上の害はないとするダブル・スタンダードが、より人々の疑心暗鬼を生み、政府の政策に対する信頼度を低下させた側面があった。

　具体的な事例を見ると、茨城県北茨城市の沖合いで取れたコウナゴから基準値を超える1キロあたり4080ベクレルの放射性ヨウ素が検出された。茨城県はコウナゴの出荷自粛を要請した。その後、茨城県や福島県、千葉県の漁船から水揚げされた魚は放射性物質が検出されていないものまで、取引を拒否されたり、値段が暴落したという（読売新聞、2011年8月17日朝刊31面）。北茨城市ではトラフグが約3分の1に、ヒラメやアナゴも半値以下になった。千葉県銚子市は3月18日にキンメダイの価格が暴落し、普段は1キロ2000～3000円台で売れる魚が約3分の1の単価になったという（朝日新聞、2011年4月6日朝刊3面）。放射性物質は何も検出されていないが、原発事故の風評被害であると考えられる。また、福島県いわき市で獲れたカツオも放射線物質は検出されなかったにもかかわらず、市内では1キロあたり340～350円で卸され、東京の築地市場で付いた値は100円だったという（朝日新聞、2011年9月25日朝刊39面）。

　放射性物質の影響は被災地から外部に向けて拡大した。5月には神奈川県南足柄市の生茶から放射性セシウムが検出された。6月には、静岡県静岡市の茶

工場が生産した「本山茶」の製茶から、基準値を超える649ベクレルの放射性セシウムが検出された（朝日新聞、2011年6月10日朝刊38面）。東京市場で取引される牛肉の価格は、7月上旬までは通常通りであったが、福島県南相馬市から出荷された牛肉で規制値を超える放射性セシウムの検出が公表されて価格が急落した。福島県外でも汚染された稲わらを牛に与えていた実態が明らかになり、稲わら自体も価格が暴落、この汚染された稲わらによって、7月末には高級ブランドの「松坂牛」でも汚染された稲わらの使用が発覚し、その後、日本チェーンストア協会によると、7月の牛肉の売り上げは前年同期と比べ4割減ったと報告されている（毎日新聞、2011年7月23日朝刊3面）。

　風評被害は食品に限ったことではない。災害によって被災地やその周辺の観光業も大きな被害を受ける。被災地外の人々はメディア報道によって、あたかも宮城県・岩手県・福島県のすべての地域が壊滅状態になっていると思い込んでしまう。これは報道の過集中の問題でもある。震災の報道を見た被災地外の人々は、「観光に行くと迷惑なのではないか」「復興の途中に遊びに行くのは不謹慎なのではないか」と考え、被災地の県への旅行やレジャーを避ける傾向がある。福島県の会津若松市は戊辰戦争の白虎隊で知られる観光スポットである。年間100万人が訪れる鶴ヶ城では、震災後4月の来場者数が前年の7割も減った。温泉などの観光地も風評被害により厳しい状況にある。福島県の土湯温泉では、旅館が次々と経営破綻で閉鎖している。22軒あった旅館やホテルのうち、震災直後に2軒、9月に入って3軒廃業になっている（朝日新聞、2011年9月27日夕刊11面）。福島県旅館ホテル生活衛生同業組合の加盟施設631における予約のキャンセル数は震災発生後ほぼ1ヶ月間で、67万9000人で約74億円にのぼっている（財団法人福島経済研究所，2011）。福島県では震災後、県内スキー場でスキー客の予約のキャンセルが相次いだ。

　風評被害は、人に対しても発生する。原発事故によって住む場所を失った被災地の住民は、避難施設に避難したり、転居を余儀なくされた。転居先の学校で福島県からの転校生の子どもがいじめを受けたりする事例も伝えられた。茨城県つくば市は、福島県からの転入者に放射能検査を受けた証明書の提示を求

めていたとして、問題となった。その後撤回され、市長が謝罪する事態になった（読売新聞、2011年4月21日夕刊1面）。これらは、被災地から避難してきた被災者が差別的な扱いを受ける県民差別とも呼ばれる問題である。

　原発はグローバル・リスクであり、大規模な原発事故の場合、国境を超えて放射性物質が拡散する可能性もある。1986年のチェルノブイリ原発事故では、周辺国にも多大な影響を及ぼした。そのため、東日本大震災もメディアを通じて世界各国に伝えられた。世界のメディアは大地震や大津波の被害にも冷静に対応し、強盗や略奪が発生しない日本を賞賛した反面、原発事故に関してはセンセーショナルな伝えられ方をした側面もあった。その結果、原発事故後、在日外国人は日本から脱出し、外国からの観光客は激減、日本の食品に対する不買運動など経済活動や生活面での実害が深刻化した。日本は原発事故によって政府の国際的信頼度はさらに低下し、さらに外国メディアの対応に誤ったことで、国際的な風評被害が発生することとなった。

　このように、東日本大震災と福島第一原発事故によって、さまざまな分野、領域において風評被害が発生し、経済的ダメージ、社会的混乱が発生したことが事例から浮かび上がってきた。

4.5.2　風評被害の特徴とメカニズム

　風評被害はこれまでも数多く発生してきた。風評被害という概念を社会的に一般的にした事例で有名なのが、1996年のO157集団感染の原因とされたカイワレ騒動である。風評被害によって経済的打撃を受けたカイワレ業界に対して、当時の厚生大臣であった菅直人大臣はテレビカメラの前でカイワレ大根を食べるパフォーマンスをしてその姿がメディアを通じて報道された。97年のナホトカ号重油流出事故では、日本海のカニ漁が重油により打撃を受け、北陸沿岸部の観光地が経済的ダメージを受けた。また99年の所沢ダイオキシン騒動では、テレビ朝日の報道番組「ニュースステーション」においてダイオキシンが葉物野菜から多く検出されたと報道し、誤ったデータやイメージ映像を流して所沢産のほうれん草など野菜の価格が暴落する事態となった。その後も、BSE問

題で牛肉が、鳥インフルエンザで鶏肉が風評被害を受けるなど被害は続いている。原子力事故では 99 年の JCO 臨界事故の影響で、茨城県産の農産物が売れなくなるなどの風評被害が発生した（廣井ら，2001）。自然災害に関しては、2004 年 10 月に発生した新潟県中越地震のときにも、新潟県越後湯沢の観光業では大規模な経済的損害が発生した（廣井ら，2005）。

関谷（2011）は、風評被害を「ある社会問題（事件・事故・環境汚染・災害・不況）が報道されることによって、本来『安全』とされるもの（食品・商品・土地・企業）を人々が危険視し、消費、観光、取引をやめることなどによって引き起こされる経済的被害のこと」(p.12) と定義している[29]。

関谷（2009）は、風評被害に 5 つの共通点を指摘している。1 点目は、食品や商品、観光などの取引拒否や価格暴落による経済的被害である。2 点目は、原因となる事故や事件・環境汚染・災害の存在である。3 点目は、それらの事故や災害に関する大量のメディア報道の存在である。東日本大震災においても、連日のメディア報道が発生した。4 点目は、本来「安全」であるはずの食品・商品・土地が受ける経済的被害である。経済的被害を受けた食品・商品・土地に実際に汚染があったり、安全でなかったりする場合には「事実上の被害」（公害、環境汚染）であり、それは「風評被害」ではない。つまり重要なのはこの 4 点目で、風評被害とは、本来は安全であるにもかかわらず、危険なものとカテゴリー的に近接するために同じく危険であると間違って認知されることによって発生するのである。また、風評被害を拡大させるのも、縮小させるのも政府やメディアが行うリスク・コミュニケーションにより、3 点目のメディア報道の役割は非常に大きい。

4.5.3 風評被害の実態

このような風評被害は実際、人々の意識の中でどのような形で現れているのだろうか。福田充研究室の調査によると、図表 4.15 のような結果が得られた。「とてもよくあてはまる」と「ややあてはまる」の回答を足し合わせた数字で見ると、「被災地のものは放射能に汚染されていると思う」と回答した人は

45.8％もいることがわかった。被災地とは東日本大震災の大地震と大津波の被害を受けた地域で広範囲にわたり、被災地がそのまま放射性物質の汚染とつながるわけではない。にもかかわらず、こういう認識は広まっていることがわかる。また、県民差別に関する質問であるが、「被災地から避難してきた人は、放射能に汚染されていると思う」と回答した人はさすがに相対的に低かったが、それでも 15.8％の人があてはまると回答しており、この放射能汚染に対するネガティブな感情は根深いものがあることが明らかになった。さらに、風評被害の経済的被害に関連する項目として、「被災地の食品を買うのを控えている」と回答した人は全体の 22.6％、「被災地に限らず、東北地方全般の食品を買うのを控えている」と回答した人も 13.1％いることが明らかになった。

　こうしたアンケート調査の結果からも、風評被害につながるような個人の意識が明らかになった。こうした個人の意識を取り払うことができるような正確な安心情報を発信するリスク・コミュニケーションの確立が必要である。

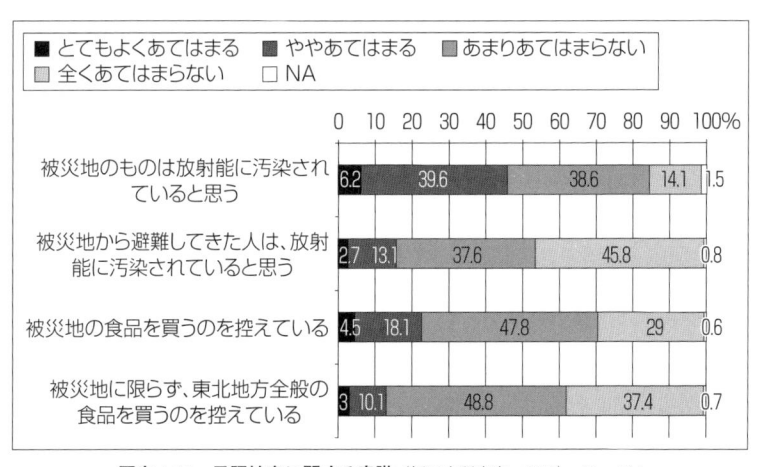

図表 4.15　風評被害に関する意識（福田充研究室，2011）N = 404

5章
メディアが人々に与えた影響

5.1 メディアによる生活行動の変化

　これまで各章で考察したように、さまざまな面において私たちの生活環境や意識、行動は、東日本大震災の以前と以後で大きく変化した。この震災のために被災地における被災者の人生や生活が大きく変わってしまったことはいうに及ばない。しかしながら、震源地から遠く離れた東京など関東圏でも、震災の影響から社会環境は大きな影響を受けたことも、これまでの章で検討してきた通りである。また、被災地の周辺、または外部にいる人にとって、東日本大震災はメディアを通じて経験したメディア体験であったという側面もある。被災地外の多くの日本人は、メディアを通じて東日本大震災を経験し、メディア報道やメディア・キャンペーンの影響で、震災対策を支援したと考えられる。震災後のメディア利用によって、人々の生活行動はどのように変化したのか。そこにはメディアの影響はあったのだろうか。この章では、福田充研究室が行った調査をもとに、1節でメディアの影響によって引き起こされた人々の生活行動について、2節でメディアが人々に与えた心理的影響について、検証を行いたい。

5.1.1 メディアが人々に与えた心理的影響

　2章で触れた通り、東日本大震災が発生して以降、震災や福島第一原発事故に関連したテレビ報道はやむことなく放送された。津波で流される家々の映像、頻発する余震に関する情報、原発事故の推移、人々を勇気づける広告等、その

134 5章 メディアが人々に与えた影響

内容は多岐にわたる。ACジャパンの「あいさつの魔法。」篇のCMなど、震災以前から放送されていたが、震災後の特別編成と企業によるCMの自粛もあって繰り返し放送され、震災後の象徴的なCMとして人々の記憶に強く印象づけられてしまったという例もある。このような震災後のメディアによって、人々はどのように感じ、どのような意識が芽生えたのだろうか。

　メディアが人々の意識や行動にどのような影響を与えたか、実施したアンケート調査のデータから多変量解析を行ってその影響関係を実証する。そのために、アンケート調査から得られたデータの中からメディア利用の変数と、人々の意識の変数、人々の行動の変数などを変数化し、合成変数を作成した。図表5.1は、震災後の人々のメディア接触量についての単純集計結果である。東日本大震災関連のテレビ報道に対する接触量として「震災関連のテレビ報道」を、また福島第一原発事故に関連するテレビ報道の接触量として「放射性物質のテレビ報道」のデータを数量化して得点を足し合わせ、「テレビ報道」という新しい合成変数を作成した。また、同じく図表5.1の「ACジャパン（旧公共広告

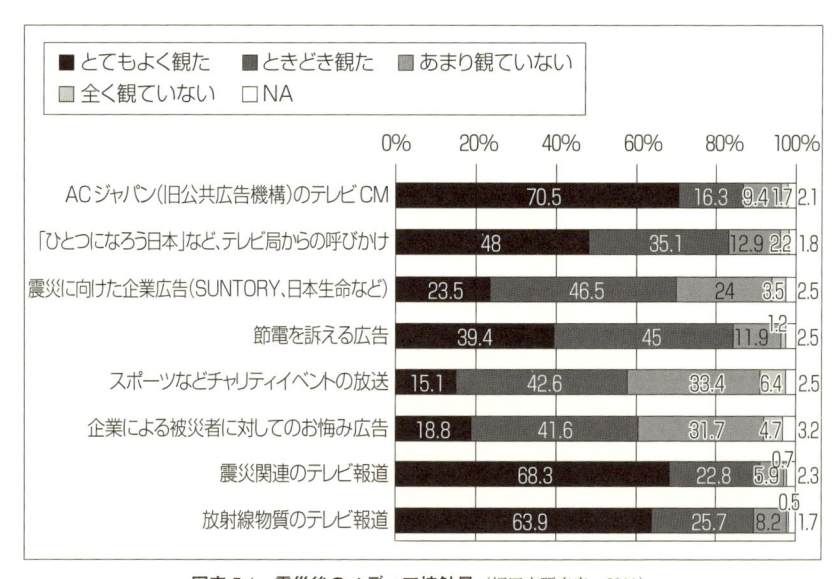

	とてもよく観た	ときどき観た	あまり観ていない	全く観ていない	NA
ACジャパン(旧公共広告機構)のテレビCM	70.5	16.3	9.4	1.7	2.1
「ひとつになろう日本」など、テレビ局からの呼びかけ	48	35.1	12.9	2.2	1.8
震災に向けた企業広告(SUNTORY、日本生命など)	23.5	46.5	24	3.5	2.5
節電を訴える広告	39.4	45	11.9	1.2	2.5
スポーツなどチャリティイベントの放送	15.1	42.6	33.4	6.4	2.5
企業による被災者に対してのお悔み広告	18.8	41.6	31.7	4.7	3.2
震災関連のテレビ報道	68.3	22.8	5.9	0.7	2.3
放射線物質のテレビ報道	63.9	25.7	8.2	0.5	1.7

図表 5.1　震災後のメディア接触量（福田充研究室, 2011）

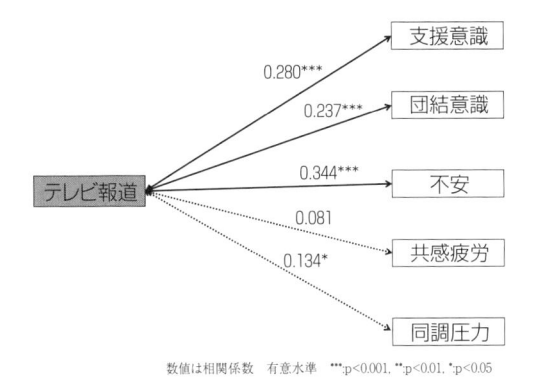

5.1 メディアによる生活行動の変化

図表 5.2 テレビ報道と意識の相関モデル

- テレビ報道 → 支援意識: 0.280***
- テレビ報道 → 団結意識: 0.237***
- テレビ報道 → 不安: 0.344***
- テレビ報道 → 共感疲労: 0.081
- テレビ報道 → 同調圧力: 0.134*

数値は相関係数　有意水準　***:p<0.001, **:p<0.01, *:p<0.05

(福田充研究室，2011)

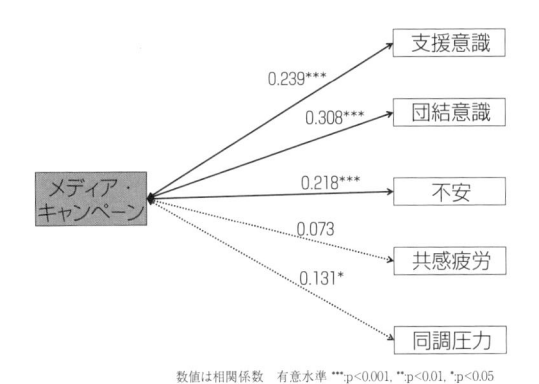

図表 5.3 メディア・キャンペーンと意識の相関モデル

- メディア・キャンペーン → 支援意識: 0.239***
- メディア・キャンペーン → 団結意識: 0.308***
- メディア・キャンペーン → 不安: 0.218***
- メディア・キャンペーン → 共感疲労: 0.073
- メディア・キャンペーン → 同調圧力: 0.131*

数値は相関係数　有意水準　***:p<0.001, **:p<0.01, *:p<0.05

(福田充研究室，2011)

機構）のテレビCM」や「『ひとつになろう日本』」など、テレビ局からの呼びかけ」、「震災に向けた企業広告」、「節電を訴える広告」、「スポーツなどチャリティイベントの放送」、「企業による被災者へのお悔み広告」の6つのデータを数量化して得点を足し合わせ、「メディア・キャンペーン」という合成変数を作成した。さらに、3章と4章で紹介した震災後の人々の意識を特徴ごとにまとめ、データを得点化して合成変数を作成した。その一部が「支援意識」、「団結意識」、「不安」、「共感疲労」、「同調圧力」という5つの意識である。合成変

数「テレビ報道」とこれらの意識の間の相関関係を見るために、相関分析を行った。その結果を表したのが図表5.2である。さらに、「メディア・キャンペーン」と同じく5つの意識との間の相関分析を行った結果が、図表5.3の相関モデルである[30]。

この「テレビ報道」と意識の相関モデルを見ると、「支援意識」、「団結意識」、「不安」との間に正の相関関係が見られた。つまり、テレビ報道により多く接した人ほど、支援意識も高く、団結意識も強く、不安を感じているという関係である。その中でももっとも相関係数が高いのは「不安」であった(相関係数 r = 0.344、統計的有意水準 0.1％)。つまり、テレビ報道は、人々に団結意識をもたらし、被災地への支援意識も高めたが、同時により大きな不安を与えたといえる。

また、「メディア・キャンペーン」と意識の間の相関モデルを見ると、同じく「支援意識」、「団結意識」、「不安」との間に正の相関関係が見られた。つまり、メディア・キャンペーンにより多く接した人ほど、支援意識が高まり、団結意識が高まり、不安も高まったということである。その中でももっとも相関係数が高かったのは「団結意識」であった(相関係数 r = 0.308、統計的有意水準 0.1％)。つまり、東日本大震災のメディア・キャンペーンは、人々の団結意識を高める効果があり、被災地への支援意識を高めるという影響を及ぼしたということが検証された。このように、テレビ報道やメディア・キャンペーンといった震災におけるメディアの活動は、人々のさまざまな意識に影響を与えていたということが検証された。

5.1.2　メディアによって引き起こされた人々の行動

ここからはメディアによって形成された人々の意識が、人々の中で実際にどのような行動に結びついたのかを検証したい。先に述べた通り、テレビ報道とメディア・キャンペーンの両メディアのどちらに触れた人も、「支援意識」、「団結意識」、「不安」という3つの意識が高まった事が検証された。では、これらの意識によって、実際にどのような行動が発生したのだろうか。これを検証す

5.1 メディアによる生活行動の変化

るために、行動に関する調査項目を用いてそれぞれ合成変数を作成し、「支援意識」、「団結意識」、「不安」という3つの意識との相関分析を行った。

まずは、「不安」の合成変数と、人々の行動に関する相関分析の結果から見てみたい。3章でも触れたように、大地震と大津波が発生した直後、余震や原発事故に対して人々が大きな不安を感じていたことが、今回の調査で判明した。この不安（anxiety）とは、人間の持つ基本的感情のひとつで、危機を認知したときに発生し、その危機への回避行動や行動制止を引き起こしたり強化したりする心理である。つまり、危機に際して人々の行動の根底にあるのは、この不安である。福田（2004）は、大地震に対する不安を中心としたリスク意識構造の相関モデルを示している。これによると、リスク認知の傾向が強い人ほどリスク不安も強い傾向にあり、情報ニーズも強いというメカニズムが存在する。また、リスク不安とパニック意識の間に正の相関関係が見られ、不安感が強い人ほどパニックを発生させやすいことが判明した。人々のリスク意識の構造はリスク不安を中心として構造化されているのである（福田，2010）。

福田充研究室（2011）の調査でも、同様に「不安」と行動の間の関係性を検証するために相関分析を行った。それが図表5.4である。3章から4章にかけて考察した、東日本大震災の後に人々の間で発生した行動の「募金」、「自粛」、「節電」、「節約」、「買いだめ」、「風評」、「県民差別」といった7つの行動と、「不安」の間にはすべてにおいて0.1％水準の統計的有意差を持つ正の相関関係が見られた。つまり、震災後、不安意識の高かった人ほど、「募金」し、「自粛」し、「節電」し、「節約」し、「買いだめ」し、「風評」に影響を受け、「県民差別」的行動をとったといえる。その中でも、もっとも相関係数が高かったのは「買いだめ」であった（相関係数 r = 0.405、統計的有意水準0.1％）。買いだめ行動は、4章1節で詳細に考察したように、震災の影響で生活への不安が原因となって発生していることが実証された。また、4章5節で考察した風評や県民差別に関する行動も、やはり不安が原因となっていることがわかった。震災後は、人々の不安の意識をどのようにコントロールするか、リスク・コミュニケーション的な観点からさらなる考察が必要である。

138 5章 メディアが人々に与えた影響

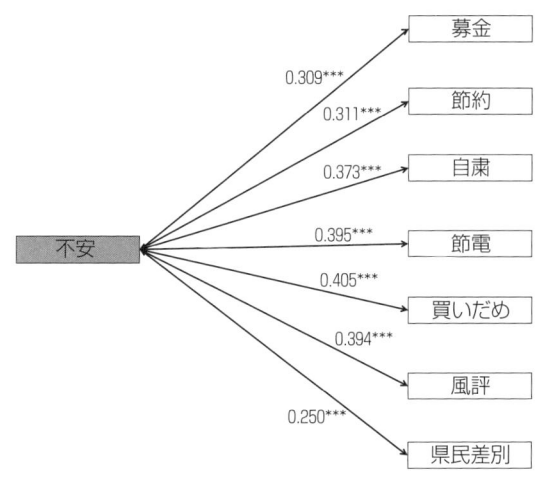

```
不安 ──0.309***──→ 募金
    ──0.311***──→ 節約
    ──0.373***──→ 自粛
    ──0.395***──→ 節電
    ──0.405***──→ 買いだめ
    ──0.394***──→ 風評
    ──0.250***──→ 県民差別
```

数値は相関係数　有意水準 ***:p<0.001, **:p<0.01, *:p<0.05
図表 5.4　不安と行動の相関モデル（福田充研究室, 2011）

　続いて、「支援意識」と7つの行動特性との関係性について考察したい。相関分析の結果、「支援意識」と正の相関関係が見られた行動は、「募金」、「自粛」、「節電」、「節約」、「買いだめ」という5つの合成変数であった（図表5.5参照）。つまり、震災への支援意識の高い人ほど、募金し、自粛し、節電し、節約し、買いだめを行ったということである。その中でも、相関係数が高かったのは、「節電」（相関係数 r＝0.762、統計的有意水準 0.1％）と「募金」（相関係数 r＝0.587、統計的有意水準 0.1％）であった。つまり、支援意識が高い人ほど、節電を行い、募金に参加したということである。福田充研究室の調査対象者は東京都民であり、その東京都民にとって、支援意識が直接的な支援行動に結びついたものは、主に節電と募金であったことがわかる。

　同様に「団結意識」と行動の関係性を相関分析した結果、「団結意識」との正の相関関係が見られた行動の変数は同じく「募金」、「自粛」、「節電」、「節約」、「買いだめ」の5つであった（図表5.6参照）。つまり、団結意識が高い人ほど、募金し、自粛し、節電し、節約し、買いだめしたという傾向が見られた。その中でも、「団結意識」との相関係数が高かったのは、「節電」（相関係数 r＝

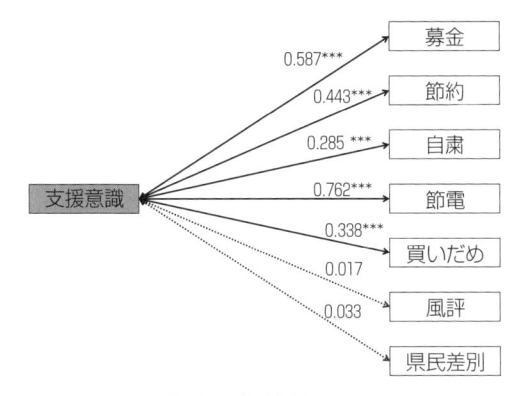

5.1 メディアによる生活行動の変化

図表 5.5 支援意識と行動の相関モデル

- 支援意識 → 募金: 0.587***
- 支援意識 → 節約: 0.443***
- 支援意識 → 自粛: 0.285***
- 支援意識 → 節電: 0.762***
- 支援意識 → 買いだめ: 0.338***
- 支援意識 → 風評: 0.017
- 支援意識 → 県民差別: 0.033

数値は相関係数　有意水準　***:p<0.001, **:p<0.01, *:p<0.05

(福田充研究室, 2011)

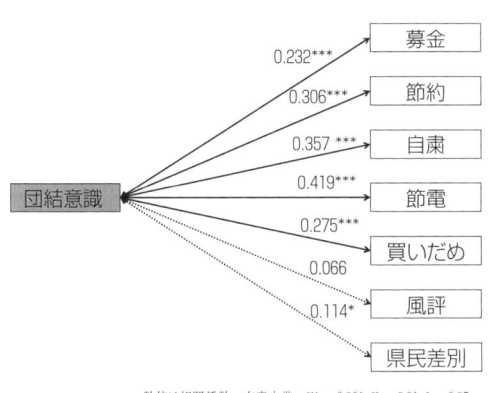

図表 5.6 団結意識と行動の相関モデル

- 団結意識 → 募金: 0.232***
- 団結意識 → 節約: 0.306***
- 団結意識 → 自粛: 0.357***
- 団結意識 → 節電: 0.419***
- 団結意識 → 買いだめ: 0.275***
- 団結意識 → 風評: 0.066
- 団結意識 → 県民差別: 0.114*

数値は相関係数　有意水準　***:p<0.001, **:p<0.01, *:p<0.05

(福田充研究室, 2011)

0.419、統計的有意水準 0.1％）と「自粛」（相関係数 r = 0.357、統計的有意水準 0.1％）、「節約」（相関係数 r = 0.306、統計的有意水準 0.1％）であった。

　この 2 つの相関モデルの特徴を比較すると、「支援意識」は「節電」、「募金」との相関関係が強く、「団結意識」は、「節電」、「自粛」、「節約」という行動との相関関係が強いことがわかる。支援意識は募金や節電といった直接的な支援行動と結びつき、団結意識は自粛や節約といった被災者を気遣った行動と結び

140　5章　メディアが人々に与えた影響

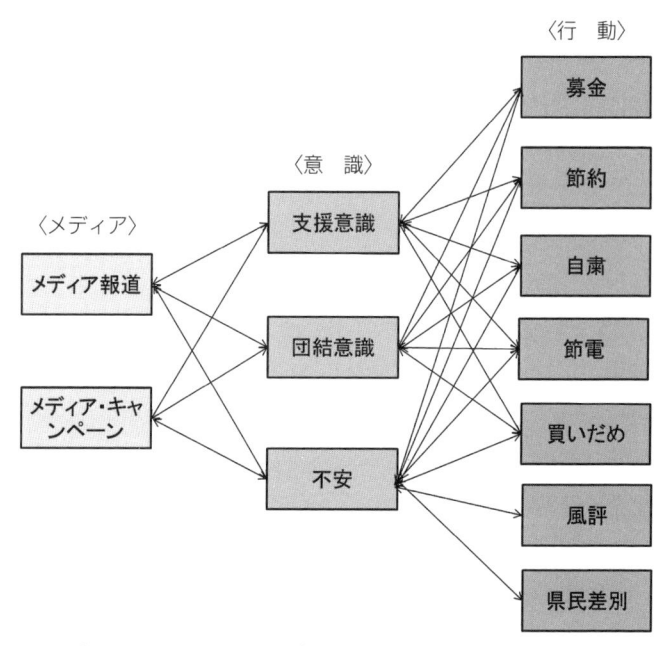

図表 5.7　大震災におけるメディア効果モデル（福田充研究室, 2011）

ついたのである。団結意識を持った人は、被災地への配慮から、自らの消費を抑えて自制していく意識が強くなったのである。支援意識の強い人は、被災者に対して個人でどのような支援ができるかという視点で行動し、団結意識の強い人は、社会全体で震災に打ち勝つという意味で、社会の一員としての行動をしたのではないかと推察できる。

　以上、5章1節で考察したメディアの効果の流れを整理すると、図表5.7のようなマクロ・モデルを構築することができる。東日本大震災の「テレビ報道」や「メディア・キャンペーン」などのメディアが、「支援意識」や「団結意識」、「不安」などの意識によって媒介され、人々の「募金」や「節電」などの支援行動と結びつくという相関分析によるマクロ・モデルである。このように、大震災におけるメディア利用は、人々の意識と結びつき、行動を引き出すことがわかる。この場合、(1)メディア報道やキャンペーンは、人々の「支援意識」や

「団結意識」を高めることで「募金」や「節電」などの支援行動を引き出すプラスの効果がある一方で、(2)メディア報道やキャンペーンによって、人々の「不安」が高まり、その結果として「買いだめ」行動や「風評」、「県民差別」につながる行動が発生することも実証された。まさに、メディアの報道やキャンペーンは諸刃の剣であるといえる。これらの影響関係は相関分析による相関モデルであるが、この2つの方向の影響関係は、重回帰分析によるパス解析モデルによって、因果関係も検証された。

5.2 メディアによる社会意識の変化

これまで5章1節では、メディア利用が人々の意識にどのような影響を与え、さらに人々の個人的レベルの行動にどう影響を及ぼしたかを検証した。特に、被災地への個人的な支援に関する意識や行動、またはあくまでも個人的な買いだめや風評に対する意識や行動に関する分析であった。しかしながら、メディアが引き起こした効果・影響はこれだけではない。東日本大震災後、人々が日本社会全体に対して持つ意識、または社会との関係の中で持つ意識にも影響が発生している可能性もある。ここから5章2節では、大震災後の人々の社会に対する意識として、「全体主義的意識」や、「個人主義的意識」、「ナショナリズム意識」の3つの側面を中心に、メディアとの影響関係について検証したい。

5.2.1 全体主義と個人主義の対立

これまで紹介してきたように、震災後のメディアは「ひとつになろう日本」、「頑張ろう日本」といったメッセージを発信し続け、被災地を支援するメディア・キャンペーンを展開してきた。福田充研究室の調査では、これらのメッセージが人々の意識に直接的に影響を与えたことが検証された。震災後の心境の変化に関するアンケート調査を見てみると、「テレビや広告などを見ていて、『団結しなければ』と感じた」という人は、「とてもあてはまる」と「ややあてはまる」の回答を足し合わせて67.1％であった（図表5.8参照）。さらに、「自分

個人の事よりも、日本全体を考えるようになった」と回答した人は65.4%、「震災後、日本は一つになったと感じる」と回答した人は53.2%であった。震災後、人々は自分個人のことだけではなく、日本全体について考える意識が発生していたことがわかる。人々が日本全体のことを考え、日本がひとつになったと感じることはそれ自体決して悪いことではない。こうした意識は、このような大災害の後には発生しやすく、また、アメリカの9・11同時多発テロ事件の後のアメリカ国民の中でもこういう一体感が発生していた（福田, 2009）。

このような意識は、政治学的な概念で説明すれば全体主義的傾向とみなすことができ、社会学的な概念で説明すれば集団主義的傾向とみなすことができる。全体主義（totalitarianism）とは、個人よりも社会システム全体をより優位なものととらえ、個人を全体の目標の下に動員する思想や体制を指し、その社会システムを国家としたとき国家主義となり、社会システムを民族としたとき民族主義に転化する。また、集団主義（collectivism）とは個人よりも内集団の目標や規範を重視され、集団に共通の信念があって成員間に自発的な協力関係が存

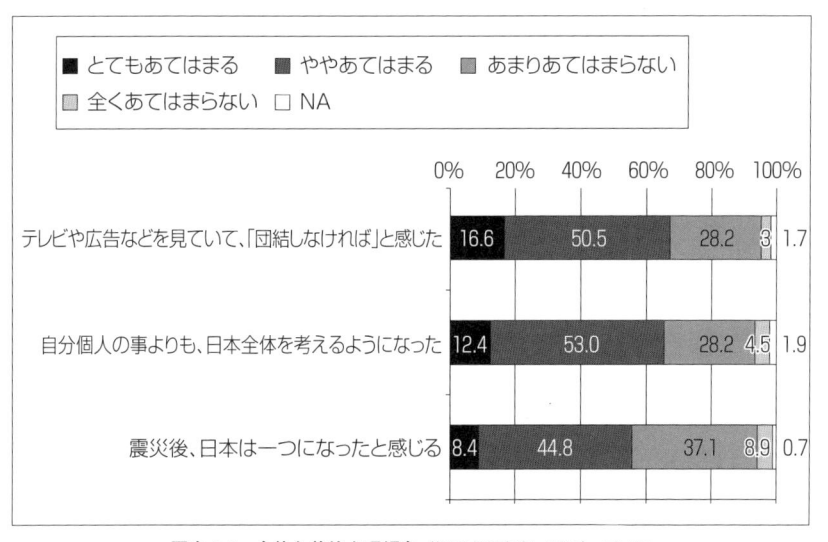

図表5.8 全体主義的心理傾向 （福田充研究室, 2011） N-404

在する状態のことを指す（トリアンディス, 1995）。福田充研究室の調査では、この図表5.8の質問が全体主義的傾向を示すものとして、この3つの変数を得点化し、合成変数「全体主義」的傾向を作成した。

では、このような全体主義的傾向は、震災後どのように発生したのであろうか。その分析結果が、図表5.9の相関分析モデルである。前節の検証で、メディア接触と団結意識の間の相関関係、団結意識と節電等の支援行動との間の相関関係を明らかにした。さらに結果をわかりやすくするために、「テレビ報道」と「メディア・キャンペーン」の変数を足し合わせて合成変数「メディア接触」を作成し、その相関モデルに合成変数「全体主義」をあてはめると、「募金」、「自粛」、「節電」、「節約」といった支援行動すべてが、「全体主義」的傾向と正の相関関係があることがわかった。つまり、全体主義的傾向を持つ人ほど、募金や自粛、節電、節約などの社会的支援行動に協力しているということである。このように、東日本大震災後の日本では、震災の被災地を支援する行動に伴って、人々の全体主義的意識が強まっていたことが検証された。これは、大震災だけでなく、テロ事件や戦争などの社会的危機において発生しやすい社会心理学的現象だと考えることができる。

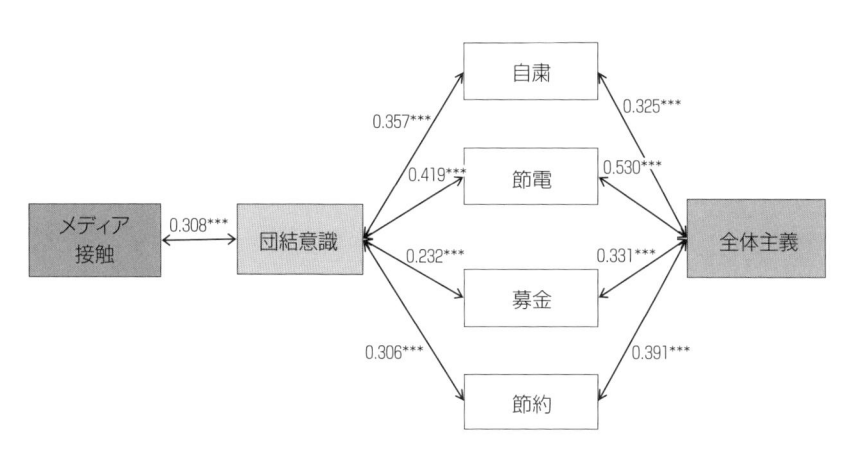

数値は相関係数　有意水準　***:p<0.001, **:p<0.01, *:p<0.05

図表5.9　全体主義の相関モデル（福田充研究室, 2011）

144　5章　メディアが人々に与えた影響

　大震災後、こうした全体主義的傾向が日本で発生したが、その反対の傾向があったことも事実である。支援としての節電や募金に非協力的であり、また個人的な感情から買いだめ行動を行った人もいたかもしれない。福田充研究室の調査結果を見ると、図表5.10のように「モノ不足になっているのを知ったので、備えとして様々なものを多めに買った」と回答した人は、「とてもあてはまる」と「ややあてはまる」の数字を足し合わせて34.9％であった。しかし、「自分が節電しなくても、周りが節電しているのでどうにかなると思う」と回答した人は12.6％、「節電をしてみたら面倒だったので、もうやりたくない」と回答した人は8.7％と非常に少なく、このような個人主義的傾向は震災後非常に少数派であることがわかった。この3つの質問項目から「個人主義」的傾向という合成変数を作成した。

　また、東日本大震災後の社会の動きに対して、他にも否定的、消極的な意識

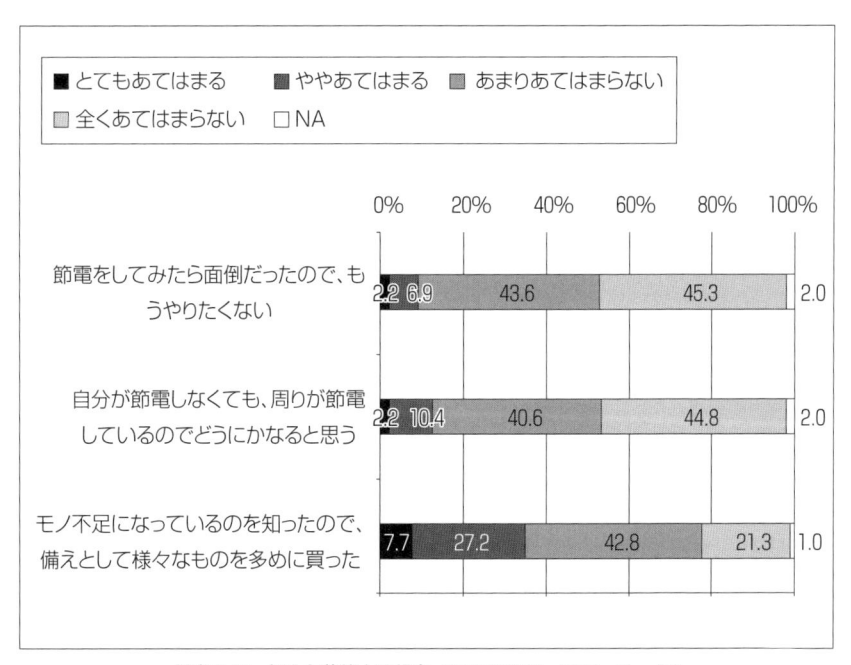

図表5.10　個人主義的心理傾向（福田充研究室，2011）　N = 404

5.2 メディアによる社会意識の変化　145

や感情を持った人も少なからずいたことも事実である。福田充研究室の調査結果を見ると（図表5.11参照）、「マスコミに団結力を強制されているように感じた」という質問項目に対して、「とてもあてはまる」と「ややあてはまる」と回答した人の数字を足し合わせると42.1％であった。さらに、「マスコミに自粛や節電、エコを強制されているように感じた」という人は49％であった。つまり、メディア、マスコミから自粛や節電、団結を強制されているように感じた人が4割以上いたことも明らかになった。「世の中の自粛ムードに影響されて自粛した」と回答した人も34.2％存在した。

このように、世の中の大勢から影響を受けて自分の態度や意見を変えることや、自分の周りの環境や状況から圧力を受けて自分の態度や意見を変えることを同調圧力と呼ぶ。土屋（2004）は、同調圧力を集中圧力の影響から個人が自分の意見や態度、行動をその圧力の方向に変化させることと説明している。この同調圧力は震災のような非常時だけでなく、普段の平常時でも社会的に発生することがある。しかしながら、こうした同調圧力は大震災においても社会に

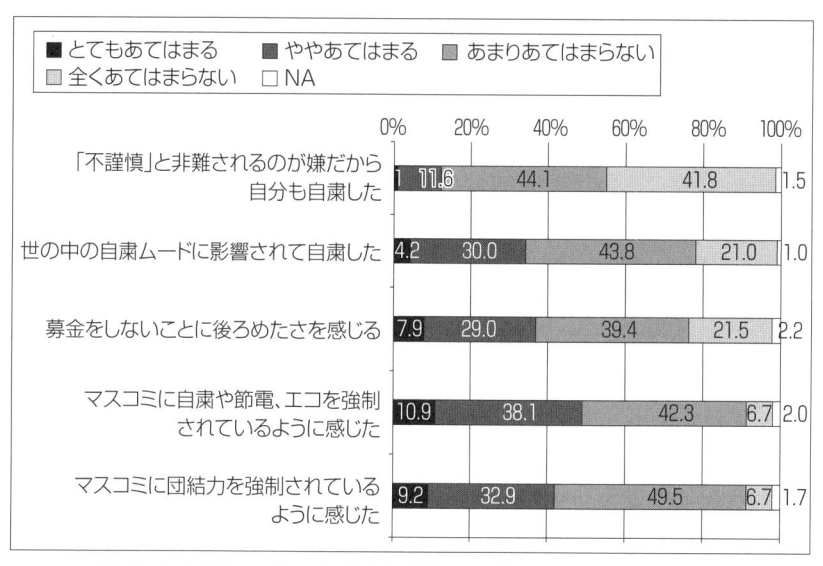

項目	とてもあてはまる	ややあてはまる	あまりあてはまらない	全くあてはまらない	NA
「不謹慎」と非難されるのが嫌だから自分も自粛した	1.0	11.6	44.1	41.8	1.5
世の中の自粛ムードに影響されて自粛した	4.2	30.0	43.8	21.0	1.0
募金をしないことに後ろめたさを感じる	7.9	29.0	39.4	21.5	2.2
マスコミに自粛や節電、エコを強制されているように感じた	10.9	38.1	42.3	6.7	2.0
マスコミに団結力を強制されているように感じた	9.2	32.9	49.5	6.7	1.7

図表5.11　同調圧力がもたらす同調主義的傾向（福田充研究室, 2011）　N = 404

発生することが明らかになった。この5つの質問項目の結果を得点化し、合成変数「同調圧力」による同調主義的傾向を作成した。

この大震災後の社会に発生したネガティブな効果である個人主義的傾向と、同調主義的傾向はどのようなメカニズムで発生したのだろうか。図表5.12のように分析結果をもとに相関モデルを作成した。この個人主義的傾向と、同調主義的傾向は、「支援への消極性」や「風評」、「県民差別」といったネガティブな行動と正の相関関係があることがわかった。また、この同調主義的傾向は、メディア接触と正の相関関係がある団結意識と正の相関関係が見られた。つまり、団結意識が強い人ほど、同調主義的傾向の意識も強く発生しており、そうした同調圧力による同調主義的傾向が、支援への消極性や風評などに関連していることが明らかになった。

このように調査データの多変量解析の結果、大震災後のメディア効果には、全体主義を生み出す効果と、個人主義を生み出す効果の両方があることが明らかになった。その結果、大震災後の日本社会にはこうした過半数の人の意識にある全体主義的傾向と、少数者の意識にある個人主義的傾向がせめぎ合っていたことがわかる。トリアンディス（1995）は世界中の文化において、こうした価値の対立があることを指摘している。集団主義者のように、全体を意識して

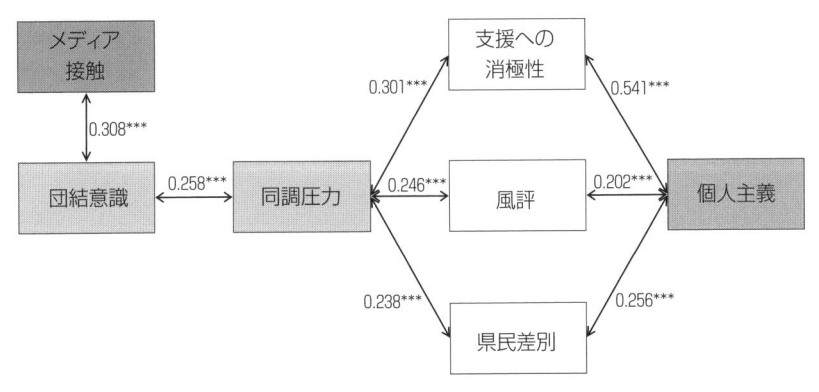

数値は相関係数　有意水準　***:p<0.001, **:p<0.01, *:p<0.05

図表 5.12　個人主義の相関モデル（福田充研究室, 2011）

行動する「他」中心的(allocentric)な人々が存在し、それに対して、個人主義者のように、個人を優先させて意識し、行動する「個」中心的(idiocentric)な人々が存在するという。このバランスが社会の均衡であり、全体主義と個人主義のどちらか極端に傾くことも政治的に危険な現象である。震災後、中島(2011)は、「がんばろう日本」というメディア・キャンペーンをひとつの暴力装置として批判している。メディア・キャンペーンにより繰り返されるスローガンはときに、強制力を持って人々の意識に圧力を与えることもある。こうした側面にも注意が必要である。

5.2.2 震災によるアイデンティティの創出

大震災の後、災害ユートピアのような現象が発生したことは前述した通りである。災害ユートピアとは、人々が災害後にお互いを支援し合うことで社会的に高揚感が高まる現象のことである。ソルニット(2009)は、実際の災害現場において人々が相互扶助的に助け合おうとする災害ユートピアが出現すると指摘している。この災害ユートピアの意識は、メディア接触や他の意識とのどのような関係にあるのだろうか、相関分析を行い検証した。その分析結果が、図表5.13の災害ユートピアの相関モデルである。メディア接触と、支援意識、団結

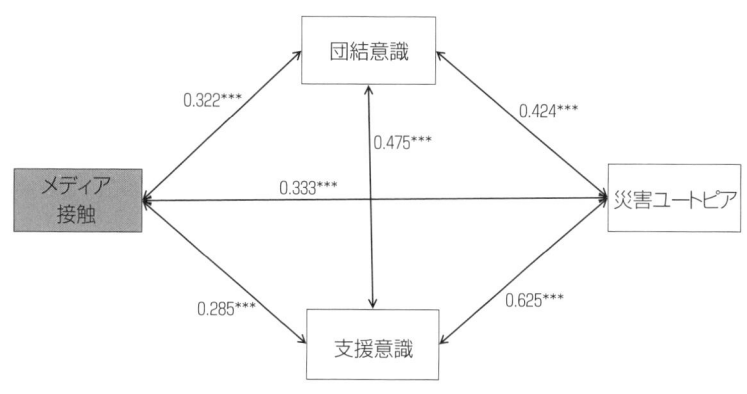

数値は相関係数 有意水準 ***:p<0.001, **:p<0.01, *:p<0.05

図表 5.13 災害ユートピアの相関モデル (福田充研究室, 2011)

意識、災害ユートピアの意識がすべて正の相関関係にあることが明らかになった。つまり、メディア接触量が多いほど、災害ユートピア的意識も強く、また、団結意識や支援意識が強いほど、災害ユートピアの意識も強いという相関関係である。

このような災害ユートピアが出現した震災後の高揚感の中で、人々の心の中にさまざまな意識が誕生している。先の節で考察した、全体主義的傾向や、個人主義的傾向、同調主義的傾向の他にも、福田充研究室の調査結果を見ると、図表5.14のようにナショナリズム的傾向の意識も誕生していたことがわかった。「とてもあてはまる」と「ややあてはまる」の回答の数字を足し合わせて91.6％の人が「私は日本という国が好きだ」と回答している。さらに、「生まれ変わるとしたら、また日本人に生まれたい」と回答した人は76.2％、「国を思う気持ちは国民の一番大切な感情である」と回答した人も70.6％いることが明らかになった。

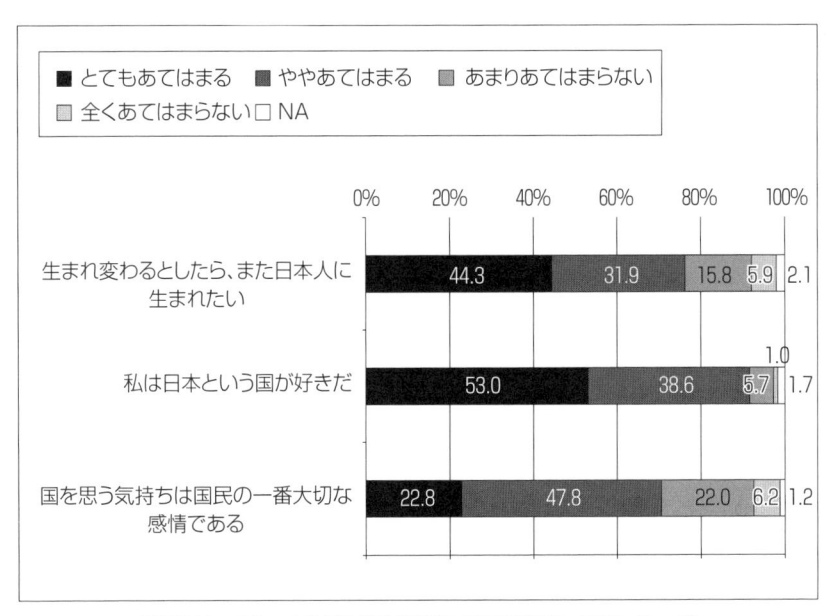

図表5.14 ナショナリズム的心理傾向（福田充研究室, 2011） N = 404

5.2 メディアによる社会意識の変化　149

　丸山 (1957) は、ナショナリズムを「ネイション」(nation) の統一、独立、発展を志向し、推し進めるイデオロギーおよび運動と説明している。民族意識が、歴史的条件の下に文化的な段階から政治的な段階へ高まったときに出現する現象として考察している。この場合のネイションとは、文化や歴史の記憶を共有する民族や国民のことを指す。この調査研究では、ナショナリズムは、国を愛し、日本人や日本の文化に愛着を持って、それらに自らのアイデンティティを持っている心理的傾向のことを指すことにする。この3つの質問項目を用いて「ナショナリズム」的傾向という合成変数を作成した。そして、このナショナリズム的傾向が、メディア接触やその他の意識とどのような関係にあるかを解明するため、相関分析を行った。そのナショナリズムの相関モデルを示したのが図表5.15である。

　このナショナリズムの相関モデルを見ると、メディア接触が多い人ほど災害ユートピア的意識が強くなり、その災害ユートピアの傾向が強いほど、ナショナリズム的傾向も強いという正の相関関係があることがわかる。また、団結意識や支援意識ともナショナリズムは正の相関関係にある。震災後の団結意識や災害ユートピアの意識は、日本人のナショナリズムとも結びついていることが

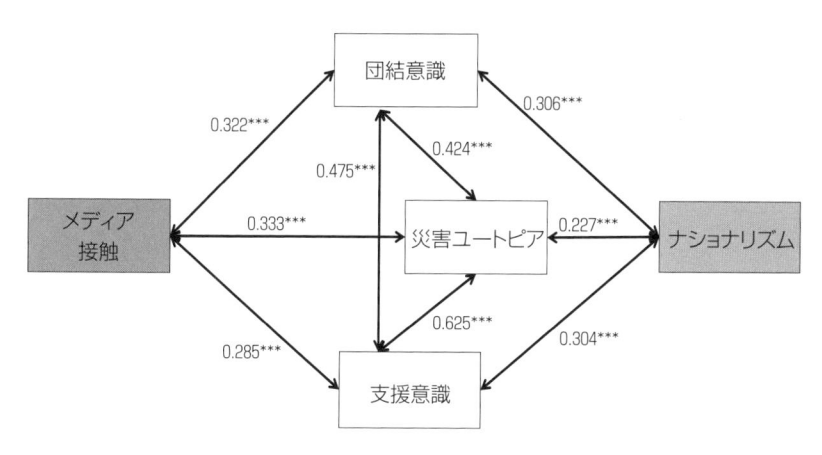

数値は相関係数　有意水準　***:p<0.001, **:p<0.01, *:p<0.05

図表 5.15　ナショナリズムの相関モデル（福田充研究室, 2011)

明らかになった。「ひとつになろう日本」、「がんばろう日本」といったメディア・キャンペーンは、日本という国家や、日本人という民族性を意識させるスローガンであり、この東日本大震災という社会的危機を経験して、改めて日本という国家や日本人という民族について意識が顕在化したとも考えることができる。震災後、互いに支援したり助け合ったりする自分たちの国民性に感動し、自分も日本人でいてよかったと思えた人もいたかもしれない。震災直後、海外のメディアにおいて、日本人が非常時にも規律を乱さず列を作って整然と並ぶ姿や、食料の支給の際にも取り合いにならずに秩序が保たれていたりしたことが驚きをもって報じられていたが、そのニュースに接して、自分が日本人であることを誇りに感じた人もいたかもしれない。「ひとつになろう日本」、「がんばろう日本」といったメディア・キャンペーンのスローガンが用いているキーワードは、東北や宮城、福島、岩手といった言葉ではなく「日本」である。これらのメッセージは被災地に向けられたものではなく、日本全体に向けられたものであり、東北の大震災を他人事ではなく、日本人全体が自分自身のこととして受けとめ支援するように、国を挙げて民族を挙げて日本全体でひとつに団結する気運を高めることが目的であったと考えられる。日本を誇る気持ちを押し出すことで自らのアイデンティティを創出し、現状の苦難から立ち上がり、試練へ挑む気持ちを湧き立たせるための、日本人全体に向けたメッセージだったと考えることができる。

終章
大震災で求められる
メディアのあり方

　東日本大震災によって、現代のメディアのあり方が問い直されることになった。大地震が発生したことにより、東北各地では停電が発生し、テレビやパソコンなどの電子メディアは地震直後から被災地では利用することができなかった。また、停電や地震による基地局の故障などにより、被災地での携帯電話やスマートフォン、タブレット端末などは通信機能が使えず、電話やメールが使用できなかった。そんな中で、被災地の住民に、押し寄せる津波の脅威を大津波警報として知らせることができたメディアは防災行政無線の屋外スピーカーと、屋内個別受信機、そして電気のいらない乾電池で動くラジオだった。これらの大地震後に生き残っていたメディアから、大津波警報を知ることができたかどうか、そして、大津波からの避難行動を起こすことができたかどうかが、この東日本大震災の大津波で生死を分ける分岐点となった。大地震や大津波といった自然災害における警報などの情報と、それによるクライシス・コミュニケーションを支えているのはまさにメディアであり、そのメディアを使って情報発信する送り手や、そしてメディアから災害情報を受容する受け手、すなわち私たちオーディエンスがいかにメディアを活用できるかが、大震災において極めて重要な課題なのである。大災害が発生し、停電が発生しても破綻しないメディア・システムを構築する必要がある。また、私たちは停電してもコミュニケーションが可能なラジオや携帯電話のワンセグ放送など、災害に頑健なメディアを常に準備しておく必要がある。そして、自治体など行政は、大震災においても住民に対して情報発信を継続できる頑健なメディアとして、防災行政無線の整備と頑健性の強化を進めなければならない。

大震災から時間が経過して、被災地の避難所生活において、被災者に対して貴重な生活情報を提供できたのは、避難所に毎日配達される地方紙・地域紙や、乾電池で使えるラジオから聞くことができる地方ラジオ局やコミュニティFMなど地域メディアであった。被災者の情報ニーズに対してきめ細やかな対応ができるのは、その地域に根づいたメディアであり、その地域メディアの普段からの継続的な努力が、大震災においても被災者に対して活かされるのである。こうした地域メディアの活動を、平常時において、非常時においてどう支援できるかも重要な課題である。

一方で、東日本大震災は日本全体の問題でもあった。岩手・宮城・福島・茨城を中心とした東北から北関東にかけての被災地だけでなく、東京を中心とした関東圏でも地震の被害は発生し、また交通網の混乱や帰宅困難者の問題、計画停電の問題、被災地支援の問題など被災地周辺の地域でも、多くの問題が発生し、大震災と関わってきた。さらにそれはメディアを通じて、日本全体が経験する国家規模の問題となり、多くの課題を残した。

東日本大震災に際して、福田充研究室が実施した調査でも、震災直後からの人々の情報収集から、メディア利用による人々の意識形成と行動変化の構造が明らかとなった。大震災のメディア報道やメディア・キャンペーンによって、人々は被災地と被災者を支援しようとボランティア活動やチャリティ活動、募金や節電への協力に立ち上がった。こうした被災地支援に向けた意識喚起に対して、メディアが及ぼした効果・影響の力は大きいことが検証された。これは、大震災におけるメディアのプラスの影響力である。また、大震災のメディア報道によって買いだめ行動や自粛騒動が社会に拡大し、うわさや流言、風評被害が発生したことはメディアのマイナスの影響力が大きいことを表している。共感疲労や放射線ストレスといった現象も確認された。

このように結果として現れた社会現象や社会問題から、メディアのあり方について考察することは極めて重要である。東日本大震災におけるテレビ報道などメディア報道にどのような問題があったかは、本書でも考察した通りである。テレビ特有の映像中心主義によって、センセーショナリズムやクローズアップ

効果が災害報道においても発生しやすくなる。集団的過熱報道が発生しても、結局それは各メディアが特オチを恐れる横並びであり、ときがたてば収束する一過性のものにすぎない。テレビや新聞の本社がある東京から被災地を眺めた中央中心主義的なパースペクティブには大きな問題がある。このような大震災におけるメディア報道の問題は、過去の阪神淡路大震災でも新潟県中越地震でも繰り返し指摘されてきた問題であるが、東日本大震災においてもほとんど改善されていない。また大震災後のメディア・キャンペーンにも問題がなかったわけではない。「がんばろう日本」、「ひとつになろう日本」などのメッセージは、あくまでも被災者ではなく、被災者以外の人々に向けられた言葉であり、その両者に対して違和感や不快感を抱かせたことも少なくなかった。また、これらのメディア・キャンペーンは東日本大震災という歴史的事件をメディア・イベント化することで人々の意識や関心を高めることに成功したが、その反面で自己満足的に消費されるイベントに成り果てていないか、検証が必要である。

　このように、大震災におけるメディアには本書で指摘してきたようなさまざまな問題が残されている。ではどうすればよいのか、メディア研究者や災害研究者がその対応策を具体的に提示できていないことにも問題があり、それは筆者を含めて研究者の側にも責任と反省点がある。この問題は、メディアの世界のプロフェッショナルと、研究者が、そしてそのオーディエンスがともに手を取り合って協力、改革せねばならない本質的で壮大なテーマである。

　自然災害や大規模事故などの危機とメディア、情報の問題を研究する分野に災害情報学があるが、学会としては日本災害情報学会がある。災害情報学の観点には、多様なテーマが存在する。特に社会科学的な分野に限定しても、次のような領域がある。①災害対策・防災計画（災害対策基本法、地域防災計画）、②災害予測・被害想定、③災害警報・警報システム、④住民の避難行動、⑤安否情報、帰宅困難者の問題、⑥避難生活における災害情報、情報ニーズ、⑦メディアによる災害報道、⑧風評被害、⑨ハザードマップ、⑩防災訓練、避難訓練、⑪災害の社会教育などである。この中の問題についても、③災害警報・警報システムや、④住民の避難行動、⑤安否情報、⑥避難生活における災害情

報、情報ニーズ、⑦メディアによる災害情報、⑧風評被害などを中心にいくつかの観点を本書でも考察することができた。しかしながら、これら以外にも、まだ考察すべき問題が残されている。たとえば、地震や津波、洪水や土砂崩れなどの自然災害に関する⑨ハザードマップをどのようなメディアで作成し、住民にPRして災害時の避難行動に活用してもらうことができるか、これもメディア・コミュニケーションの問題であり、リスク・コミュニケーションの問題である。また、⑩防災訓練や避難訓練を社会の中でどのように実効的な形で継続し、メディアがそれをどうフォローすることができるかを考察する必要がある。また、そうした問題全体を反映した⑪災害の社会教育、防災教育をどのように社会で行っていくか、定着させるかが重要であり、これもメディアを活用したリスク・コミュニケーションの重要な課題であるといえる。こうした細かな災害情報学的な対象が研究され、その成果が総合的な⑫災害対策、防災計画に活かされなくてはならない。

　大震災から社会や人々の命と生活を守ること、それが私たち研究者の使命である。そのため、古代から中世、そして昭和の時代まで堤防や防潮堤、ダムや護岸壁など土木工学的なハードの防災対策が進められてきた。それは自然の驚異を人間の科学技術力によって押さえ込むアプローチであった。その後、さらなる科学技術の進化とメディアの発達により、気象予報や災害警報、そして避難指示や災害情報を人々に伝達するための防災行政無線などのメディアを情報工学的なハードの観点から活用するアプローチが社会的に普及した。災害研究、防災対策におけるダムからメディアへの大転換である。次々に発生する新しいメディアが災害においても活用されている。阪神淡路大震災での災害対策では、インターネットやパソコン通信が導入され、コミュニティFMが活躍した。また、東日本大震災では、TwitterやFacebook、YouTubeなどのソーシャル・メディアが活躍した。こうして災害対策もメディアの観点から進化を遂げる。しかしながら、現代の災害対策は次のステージへ進化が求められている。それはメディアのハード重視から、メディアのソフト重視への転換である。災害対策において、従来のテレビやラジオ、新聞といったメディアからSNSやスマ

ートフォンなどの新しいメディアまで、ハードの側面のメディアが災害対策にどう活かされるかは常に検討されている。しかしながら、そのメディアのハードを活用して、その中でどのような災害情報がソフトとして必要であるか、その問題は未だ解決されていないのである。どのような警報の呼びかけをすれば、住民は避難してくれるのか、避難所の被災者にはどのような生活情報が必要なのか、風評被害を発生させないようにするためには、政府やメディアはどのような情報発信が必要なのか、これらはすべてメディアにおけるソフトの問題である。これは極めて社会科学的な問題であり、クライシス・コミュニケーションやリスク・コミュニケーションなど、コミュニケーション上の問題である。こうした歴史的進化と発展段階の視点を見据えながら、現代においてまたは将来において、大震災におけるメディアはどうあるべきなのか、今後もさらなる研究が必要である。

　東日本大震災はその尽大なる被害をもって、私たちに教訓を示してくれた。私たちはその教訓を決して無駄にしてはならない。自然災害や原発事故のために多くの命が失われることを、多大な被害が発生することを、繰り返してはならないのである。

あとがき（謝辞）

　筆者が初めて災害研究に関わったのは1995年の阪神淡路大震災であった。兵庫県神戸市を中心に、私の生まれ故郷である兵庫県西宮市も被災し、壊滅的な打撃を受けた。東京にいた私は、震災発生の1月17日早朝からテレビ報道を通じて被災地の状況を知る以外に術がなかった。その後、東京大学社会情報研究所の廣井脩教授と橋元良明助教授、日本放送協会の伊藤和明氏とともに被災地調査のために兵庫県に入ったのは2月になってからのことである。交通網が寸断されているため、大阪の天保山から船に乗って神戸に上陸し、神戸の長田区、須磨区から西へ歩き、芦屋市、西宮市と被災地を徒歩で回りながら被災地調査を行った。これが筆者にとって初めての災害の被災地調査であった。まだ修士論文を書き上げたばかりの25歳の大学院生である。それ以後、廣井教授のもとで、数多くの災害研究に関わってきた。97年の八幡平土石流災害、98年の那須集中豪雨災害、99年の茨城県JCO臨界事故、帰宅困難者問題調査、2003年の十勝沖地震による津波災害、04年の新潟県中越地震、新潟・福島集中豪雨災害、豊岡市豪雨水害、05年の福岡県西方沖地震など、さまざまな災害で現地に入り被災地調査を行ってきた。この他にも、全国の地方自治体に実施した津波対策調査（04年）や火山対策調査（03年）、全国の消防本部と救急病院に対して実施した災害医療と通信システムに関する調査（05年）など、防災対策に関する全国調査も実施してきた。また原子力に関するリスク・コミュニケーションの調査では、原発立地県の住民や東京都民に原発に対する意識調査（06年）を実施し、電力会社や原子力発電所の職員に対する意識調査（07年）も実施した。これらの災害調査は、廣井脩教授のもとで、日本大学の中森広道教授や東洋大学の中村功教授、関谷直也准教授らと共同で実施してきたも

のである。東京大学の田中淳教授や、東京経済大学の吉井博明教授にも共同研究で指導をいただいた。これまで筆者が災害研究に関わってこられたのはこの先生方からのご指導の賜物であることはいうまでもない。

　08年から10年までの2年間、コロンビア大学・戦争と平和研究所客員研究員としてニューヨークに赴任した間は、アメリカでテロ対策やインテリジェンス、安全保障など危機管理の総合的研究を行ってきたが、10年に帰国し、その後、2011年の3月に東京でこの東日本大震災を経験した。震災後、3月下旬には中村功教授、中森広道教授とともに福島県、茨城県で大地震と大津波の被災地調査を実施した。また、4月上旬には同教授らとともに岩手県、宮城県で被災地調査を行った。さらに5月には長野県、群馬県でも被災地を訪問した。その後、財団法人河川情報センターの研究助成を受けて、12月にはこの同じメンバーで岩手県と宮城県で被災者へのアンケート調査を実施した。本書の1章で考察している被災地の大津波警報と避難行動、被災者の生活情報とメディア報道に関する問題は、これらの被災地で実施したインタビュー調査やアンケート調査をもとにしている。また、この1章は日本大学法学部新聞学研究所紀要『ジャーナリズム＆メディア』第5号掲載の筆者執筆の論文原稿を一部もとにしている。一部転載をお認めいただいた日本大学法学部新聞学研究所の皆様にお礼を申し上げたい。

　また、東日本大震災後、日本で発生した大地震や大津波、福島第一原発事故によってもたらされた社会的混乱の実態や、メディアや災害情報が果たした役割を解明し、今後の災害対策やメディア研究に活かすために、日本大学法学部の福田充研究室では、当時のゼミナール3年生全員と共同で東日本大震災におけるメディア利用に関する調査を実施し、調査対象者である東京都江戸川区の皆様にご協力をいただいた。本書の2章から5章は、この共同研究と研究室で実施したアンケート調査の結果をもとに構成されている。福田充研究室の8期生になる当時3年生であった、大貫仁史さん、佐久間星和さん、佐野志帆さん、手束千鶴さん、中村圭奈絵さん、福島智美さん、光野ゆかりさんの7名と共に、大震災後の3月から共同研究を始め、8月にアンケート調査を実施し、その後

分析や議論を重ねながら原稿を執筆してきた。本書は、福田充研究室に所属する学生を含めて全員で成し遂げた研究をまとめたものである。

そして、この研究書の企画意図への賛同をいただき、出版を実現してくださった北樹出版の編集者の皆さんに感謝の意を表したい。東日本大震災発生から1年も経たない間に、短い時間で本書をまとめ、震災から1周年を経たこの時期に本書を出版できたことは、特に編集担当者の古屋幾子氏のご尽力に負うところが大きい。古屋氏には本書の企画から、執筆、校正にわたって全体的に細やかな視点でご指導をいただいた。心からお礼を申し上げたい。

本書が世に出ることができたのは、これまでご指導をいただいた先生方、出版にご協力をいただいた皆様のおかげであり、これまでの筆者が関わってきた災害研究で得られたものをすべてここに注ぎ込んでできたのが、本書『大震災とメディア』である。福島第一原発事故は未だ収束せず、今後も長期的な闘いとなる。災害大国である日本にとって、大地震や大津波は逃れられない自然災害であり、今後も東京直下型地震や、東海地震、東南海地震、南海地震はいつ日本を襲ってもおかしくない状況である。今後も、メディア研究、危機管理研究の立場から、自然災害や大規模事故と向き合っていきたいと思う。

読者の皆さんに本書を購入していただいて発生した印税の一部は、福田充研究室から東日本大震災の被災自治体に向けて募金することで、被災地の皆さんへの支援活動としたい。読者の皆さんの善意と学究心が、この研究書＝メディアを媒介して、被災者の皆さんに届けられれば本望である。さらにはこの研究によって、日本の災害対策、危機管理の進歩に少しでも寄与することができるならば、これ以上の幸せはないだろう。これからも長期的な視野で、東日本大震災の被災地の復興と関わっていきたい。

2012年3月

日本大学法学部　福　田　　充

注 釈

(1) 日本大学・福田充研究室では、日本大学・中森広道研究室、東洋大学・中村功研究室と合同で東日本大震災の被災地調査を実施した。震災後、2011年3月下旬の福島県、茨城県調査、4月上旬の岩手県、宮城県調査では、大津波の被害が大きかった東北地方の太平洋沿岸部を北は岩手県大槌町から南は茨城県日立市までの間を被災地に入り、現地の被害状況を確認しながら、避難所を訪問して被災者の方々にインタビューし、いくつかの災害対策本部にヒアリング調査を行った。

(2) 2011年12月に、日本大学文理学部・中森広道教授と、東洋大学社会学部・中村功教授と共同で、「平成23年3月11日『東日本大震災』における津波被災地アンケート調査」を実施した。調査対象者は、岩手県陸前高田市、宮城県本吉郡南三陸町、宮城県仙台市、宮城県名取市、宮城県亘理郡山元町で、地震と津波により被災した被災者である。標本抽出法は津波の被害が大きかった地域などの条件を設定した有意抽出法、調査実施方法は仮設住宅などへの訪問面接調査法と、配票調査法の併用で、有効回答数は642票である。この調査は、日本大学文理学部の中森広道教授を代表者とした財団法人河川情報センターの研究助成を受けた共同研究によるものである。そのため、本書ではこの研究の表記として中森・中村・福田（2011）と表記する。

(3) ドゥダシク（1980）の分類では、1次被災者と近接被災者の他に、周辺被災者（被災地に家族や知人が住んでいるなど強い関係を持つもの）、進入被災者（災害救援にたずさわった医療関係者、警察、消防や、被災者支援を行うボランティアなど、外部から被災地に入ってきたことで震災を経験したもの）などがある。

(4) 日本大学法学部・福田充研究室では、東京都江戸川区の住民に対して「東日本大震災におけるメディア利用の調査」を実施した。調査対象者は江戸川区に在住する20歳以上の男女で、標本抽出法はエリアサンプリングに基づいた有意抽出法である。調査対象者の選定のために厳密な条件を複数設定し、東日本大震災における近接被災者で、なおかつ被災地を支援する立場にあった首都東京の中で平均的な特徴を持つ江戸川区住民を調査対象とした。調査方法は訪問留置調査法である。回収数は413票、回収率83.6％、有効回答数は404票、有効回答率は81.8％である。研究の計画、運営、実施には福田充研究室に所属するゼミナール生7名が参加している。本書では、この研究の表記として福田充研

究室（2011）と表記する。
(5) 危機が潜在化している状態をリスクと呼び、その危機が発生して顕在化した状態をクライシスと区別できる。福田（2010）は、危機が発生する以前の潜在化した状態におけるコミュニケーションをリスク・コミュニケーションと呼び、危機が発生した後の危機が顕在化した状態におけるコミュニケーションをクライシス・コミュニケーションと区別している。詳しくは、福田充（2010）『リスク・コミュニケーションとメディア〜社会調査論的アプローチ』（北樹出版）を参照のこと。
(6) このインタビューは、2011年4月7日に福田充研究室・中森広道研究室・中村功研究室で実施した宮城県石巻市のある避難所での被災者に対するインタビューをもとにしている。

　これらのインタビュー結果など被災地調査の結果については、日本大学法学部新聞学研究所の許可を得て、下記の論文を一部再掲したものである。

　福田充（2012）「東日本大震災における災害情報とメディア〜被災地調査からの検証」日本大学法学部新聞学研究所『ジャーナリズム＆メディア』第5号。
(7) このインタビューは、2011年3月28日に福田充研究室・中森広道研究室・中村功研究室で実施した福島県いわき市のある避難所で行った被災者に対するインタビューをもとにしている。
(8) このインタビューは、2011年4月6日に福田充研究室・中森広道研究室・中村功研究室で実施した岩手県大槌町のある避難所での被災者に対するインタビューをもとにしている。
(9) 福田充研究室と田村和人氏（日本テレビ放送網・当時）は共同で、2011年8月に日本マイクロソフト株式会社に対するヒアリング調査を行った。日本マイクロソフト株式会社は、東日本大震災の発生後から、被災した自治体や、被災者を支援するボランティア団体に対して、コンピュータやソフトの提供を行う支援活動を実施した。
(10) 2011年3月28日、福田充研究室・中森広道研究室・中村功研究室で実施した福島県いわき市の災害対策本部でのヒアリング調査をもとにしている。いわき市の渡辺敬夫市長に対し、東日本大震災における地震と津波の被害、そして福島第一原発事故に関する対策についてのヒアリング調査を行った。
(11) この全国津波沿岸自治体調査については、以下の報告書を参照のこと。

　廣井脩・中村功・中森広道・福田充（2005）「自治体の防災対策の現状(2) 2004年津波沿岸自治体アンケート調査〜自治体における津波防災対策の現状」東京

大学大学院情報学環・学際情報学府『情報学研究・調査研究編』22 号，pp.283-339。

⑿　2011 年 4 月 6 日に福田充研究室・中森広道研究室・中村功研究室は共同で岩手県大槌町の被災地調査を実施し、被災した旧町役場や、町内でもっとも大きい避難所となった大槌高校を訪問し、ヒアリング調査を実施した。

⒀　このインタビューは、2011 年 4 月 6 日に福田充研究室・中森広道研究室・中村功研究室で実施した岩手県大槌町のある避難所での被災者に対するインタビューをもとにしている。

⒁　この東日本大震災に関するテレビ報道の内容分析データは、日本大学学術研究助成金（総合研究）の助成を受けた大井眞二教授を代表者とする「メディア秩序の変革期におけるジャーナリズムのパラダイム転換に関する研究」の一環として、3 月 11 日から 8 月 31 日までの地上波テレビ局の東日本大震災関連の全ニュースを録画し、分析したものである。テレビ番組の録画とデータ化は JCC 株式会社の MAX チャンネルの協力を得ている。この図表のデータは共同研究者の宮脇健氏と内容分析を行った結果を用いている。

⒂　この東日本大震災に関するテレビ報道の内容分析データも、前述の日本大学法学部・大井眞二教授を代表者とする「メディア秩序の変革期におけるジャーナリズムのパラダイム転換に関する研究」（日本大学学術研究助成金・総合研究による助成研究）の一環として、実施された内容分析研究によるものである。この図表のデータも、共同研究者の宮脇健氏と内容分析を行った結果を用いている。

⒃　CM ミートとは、平均的視聴者が 1 ヶ月間にその銘柄の CM に接触（meet）する回数で、一個人の CM 遭遇率を指す。

⒄　「Google Crisis Response」については、(http://www.google.org/crisisresponse/) を参照のこと。この「Google Crisis Response ／東日本大震災（東北地方太平洋沖地震）」サイトの運営はすでに終了している。

⒅　Yahoo! ボランティアについては、(http://volunteer.yahoo.co.jp/) を参照のこと。2012 年 2 月の段階でも、ボランティア情報の面で東日本大震災のための支援活動を継続している。

⒆　福田充研究室も 2010 年から Twitter のアカウントを運営している。Twitter で @fukuda326（https://twitter.com/#!/fukuda326）を参照のこと。

⒇　この調査は、株式会社マクロミルによるインターネット・オンライン調査である。

(21)　株式会社デルフィスの「エシカル実態調査」は、2009 年 12 月 25 日から 2010

注 釈

年1月6日に実施された全国調査で、調査対象者は15歳以上男女1100人である。調査実施方法はインターネットのオンライン調査である。調査結果の詳細は、株式会社デルフィスの調査レポートを参照のこと

(http://www.delphys.co.jp/service_menu/report/201003_05.pdf)。

(22) 川上ら (1995) による阪神淡路大震災におけるインターネット研究については、次の論文で詳細が報告されている。以下の論文を参照のこと。

川上善郎・田村和人・田畑暁生・福田充 (1995)「阪神大震災とコンピュータ・ネットワーク〜インターネット、ニフティサーブ等における震災情報の内容と構造」『情報研究』16 号, pp.29-54.

(23) 電通総研の「震災後一ヶ月後の生活者意識調査」については、以下を参照のこと。

電通総研 (2011)「震災後一ヵ月後の生活者意識」
http://www.dentsu.co.jp/news/release/2011/pdf/2011040-0427.pdf

(24) コスモ石油株式会社が発信したメッセージについては、コスモ石油ホームページを参照のこと。コスモ石油ホームページ

http://www.cosmo-oil.co.jp/index.html

(25) 毎日新聞4月2日朝刊では、「ニュース争論」コーナーにおいて、「大震災の情報と報道」をテーマに、筆者と東洋大学社会学部の中村功教授の対談が掲載されている。ここで筆者は、原発事故における政府や原子力安全・保安院、東京電力の記者会見、情報発信のあり方を批判し、政府のリスク・コミュニケーションのあり方の見直しを提案している。

(26) 毎日新聞4月15日朝刊では、原発自治体アンケートの調査結果が報告されている。その中で、筆者はこうした原発事故などの危機事態において、政府から自治体にトップダウン的に情報が上意下達されるシステムではなく、自治体からもボトムアップ的に情報を上げるフィードバックを強化した、双方向的なコミュニケーションを強化することを提案している。

(27) 中村ら (2006) が実施した原子力発電に関する意識調査は、原子力のリスク・コミュニケーションに関する共同研究の一環で実施された。調査地域はA) 東京都内とB) 福井県美浜町、敦賀市の2地点であるが、本書で紹介するのはA) 東京都内調査のデータである。調査期間は2006年1月、調査対象は20歳以上の男女、標本抽出法は二段無作為抽出法、調査方法は訪問面接調査法、有効回答数：245票 (61.3%) である。この研究は、原子力安全基盤機構による助成研究である。詳細は、以下の2本の論文を参照のこと。

中村功・関谷直也・福田充・中森広道・仲田誠・海後宗男・森康俊・地引泰人・森岡千穂（2007）「原子力関係者からみた『原子力のリスク・コミュニケーション』」『災害情報調査研究レポート』東京大学・東洋大学災害情報研究会、Vol.10, pp.1-154.

　　中村功・関谷直也・福田充・中森広道・仲田誠・海後宗男・森康俊（2006）「社会からみた原子力のリスク・コミュニケーション」『災害情報調査研究レポート』Vol.6, pp.1-239.

(28)　福田（2006）についても、中村ら（2006）と同じ調査、東京都内調査のデータである。調査期間は 2006 年 1 月、調査対象は 20 歳以上の男女、標本抽出法は二段無作為抽出法、調査方法は訪問面接調査法、有効回答数：245 票（61.3％）である。この研究は、原子力安全基盤機構による助成研究である。

(29)　関谷（2011）については、以下の文献を参照のこと。東日本大震災で発生した風評被害についても詳細に分析、解説されている。

　　関谷直也（2011）『風評被害～そのメカニズムを考える』光文社新書.

(30)　相関分析とは、2 変数以上の変数間でそれぞれの変数同士にどれくらいの相関関係があるかを分析する、統計分析手法である。相関関係を示す際に用いられる相関係数について、相関係数 r. の値は 0 から 1 の間の数値をとるとき、さらにその数値が 1 に近いほどその両者に正の相関関係があると想定され、相関係数 r. の値が－1 から 0 の間の数値をとるとき、さらにその数値が－1 に近いほどその両者に負の相関関係があると想定される。社会学においては、相関係数 r. が 0.2 よりも大きく、また－0.2 よりも小さいとき、その両者に弱い相関関係が示唆されるとするのが一般的である。つまり、相関係数 r. の値が 1 に近づくほど（プラス相関）、また－1 に近づくほど（マイナス相関）、両者の相関関係は強いことを意味する。

参考文献

AERA 編集部編（2011）「安否確認も避難所情報も集まったのはここ〜ツイッターがライフラインに」『AERA』2011 年 3 月 21 日号、朝日新聞出版、pp. 22-23.

Allport, G. W. & Postman, L.（1947）*The Psychology of Rumor*, Henry Holt & Co., New York. オルポート，G. W. ＆ポストマン，L.（1952）『デマの心理学』南博訳、岩波書店.

飛鳥井望（2007）『健康ライブラリーイラスト版〜 PTSD とトラウマのすべてがわかる本』講談社.

Barton, A. H.（1969）*Communities in disaster: a sociological analysis of collective stress situations*, N. Y. Doubleday. バートン，A. H.（1974）『災害の行動科学』安部北夫訳、学陽書房.

Beck. U.（1986）*Risko Gesellschaft*, Frankfurt, Suhrkamp Verlag. ベック，U.（1998）『危険社会』東廉・伊藤美登里訳、法政大学出版局.

Brown, R. & Kulik, J.（1977）Flashbulb memories, *Cognition*, Vol. 5, pp. 73-99.

Dayan, D. and Katz, E.（1992）*Media Events; The Live Broadcasting of History*, Harvard University Press. ダヤーン，D. ＆カッツ，E.（1996）『メディアイベント〜歴史をつくるメディア・セレモニー』浅見克彦訳、青弓社.

Dudasik, S. W.（1980）Victimization in Natural Disaster, *Disasters*, Vol. 4, pp. 329-338.

Figley, C. R.（1999）Compassion Fatigue: Toward a new understanding of the cost of caring. Stamm, B. H., *Secondary Traumatic Stress*, Second edition, Sidran Press. フィグリー，C. R.（2003）『二次的外傷性ストレス』小西聖子・金田ユリ子訳、誠信書房.

藤生英行（2008）「第 2 章　行動の基礎（生理的基盤、動機づけ、情動）第 2 節　動機づけ」野々村新編『こころへのアプローチ〈増補・改訂版〉』田研出版、pp. 54-73.

藤岡孝志（2008）「共感疲労・共感満足と援助者支援」『児童養護』Vol. 39, No. 2, 全国児童養護施設協議会、pp. 24-29.

藤代裕之（2011）「メディアの環境変化と情報への信頼①　ソーシャルメディアの登場で風評の広がり方が変わった」『宣伝会議』2011 年 6 月 1 日号、宣伝会議、pp. 28-31.

藤竹暁（1974）『パニック―流言蜚語と社会不安』日本経済新聞社.

深尾正之（2011）「福島原発で何が起きたのか―崩れ去った安全神話―」『月刊保団連』8 月、No. 1069、全国保険医団体連合会.

福田充（2013）「災害報道とクライシス・コミュニケーション〜東日本大震災と福島第一原発事故を例に」『大震災・原発とメディアの役割〜報道・論調の検証と展望』公益財団法人新聞通信調査会、pp. 140-155.

福田充（2012）「東日本大震災における災害情報とメディア〜被災地調査からの検証」日本

大学法学部新聞学研究所『ジャーナリズム＆メディア』第 5 号、pp. 69-82.
福田充（2010）『リスク・コミュニケーションとメディア～社会調査論的アプローチ』北樹出版.
福田充（2009）『メディアとテロリズム』新潮新書.
福田充（2008）「危機管理に関する広報とメディア戦略～テロリズムや自然災害等におけるリスク・コミュニケーション」『月刊広報』2008 年 8 月号、日本広報協会、pp. 22-25.
福田充（2006）「リスクと原子力」中村功・関谷直也・福田充・中森広道・仲田誠・海俊宗男・森康俊「社会からみた『原子力のリスク・コミュニケーション』」『災害情報調査研究レポート』Vol. 6, pp. 50-71.
福田充（2005）「自治体の防災体制」、廣井脩・中村功・中森広道・福田充「自治体の防災対策の現状(2) 2004 年津波沿岸自治体アンケート調査～自治体における津波防災対策の現状」東京大学大学院情報学環・学際情報学府『情報学研究・調査研究編』No. 22, pp. 283-339.
福田充（2004a）「社会安全・危機管理に対する意識と社会教育・マスコミ報道に関する調査研究～リスク・コミュニケーションの視点からの一考察」『平成 14 年度研究助成報告書』財団法人社会安全研究財団、pp. 49-98.
福田充（2004b）「社会安全・危機管理に対する意識と社会教育・マスコミ報道に関する調査研究」『社会安全』2004 年 4 月号、No. 52、財団法人社会安全研究財団、pp. 24-36.
福田充（2001）「災害対策における情報マネージメントの諸問題」『警察政策』第 3 巻 1 号、警察政策学会、pp. 145-164.
福田充（1996）「阪神大震災におけるパソコン通信利用～ニフティ・サーブの『地震情報』掲示板における震災情報の内容分析」『平成 7 年度情報通信学会年報』pp. 46-57.
福田充・宮脇健（2013）『福島第一原子力発電所事故に対する原発周辺住民の意識に関する実証研究』日本大学法学部報告書.
橋元良明（1986）「災害と流言」東京大学新聞研究所編『災害と情報』pp. 225-271.
廣井脩（2000）「災害放送の歴史的展開」㈶放送文化基金編『災害－放送・ライフライン・医療の現場から』ビクターブックス、pp. 89-127.
廣井脩（1995）『新版・災害と日本人～巨大地震の社会心理』時事通信社.
廣井脩（1991）『災害情報論』恒星社厚生閣.
廣井脩（1988）『うわさと誤報の社会心理』日本放送出版協会.
廣井脩（1987）『災害報道と社会心理』中央経済社.
廣井脩・中村功・福田充・中森広道・関谷直也・三上俊治・松尾一郎・宇田川真之（2005）「2003 年十勝沖地震における津波避難行動～住民聞き取り調査を中心に」東京大学大学院情報学環・学際情報学府『情報学研究・調査研究編』No. 23, pp. 1-161.
廣井脩・田中淳・中村功・中森広道・福田充・関谷直也・森岡千穂（2005）「新潟県中越地震と情報伝達の問題～十日町市一般住民調査編」『災害情報調査研究レポート』Vol. 1, pp.

153-212.

廣井脩・田中淳・中村功・中森広道・関谷直也・森岡千穂（2005）「地震時における防災機関の対応の実態と問題点～小千谷市・川口町仮設住宅調査編」『災害情報調査研究レポート』Vol. 1, pp. 1-152.

廣井脩・中村功・中森広道・福田充（2005）「自治体の防災対策の現状(2)　2004年津波沿岸自治体アンケート調査～自治体における津波防災対策の現状東京大学大学院情報学環・学際情報学府『情報学研究・調査研究編』22号，pp. 283-339.

廣井脩・中森功・田中淳・中森広道・福田充・関谷直也・森岡千穂（2005）「2004年7月新潟・福島豪雨における住民行動と災害情報の伝達」東京大学大学院情報学環・学際情報学府『情報学研究・調査研究編』No. 23, pp. 163-287.

廣井脩・三上俊治・田中淳・中村功・中森広道・八木絵香・関谷直也（2001）「1999年 JCO 臨界事故と住民の対応」東京大学社会情報研究所『調査研究紀要』No. 15, pp. 237-406.

干川剛史（2007）『災害とデジタル・ネットワーキング』青山社.

IMJ モバイル（2011）『震災に伴う Twitter、Facebook 利用実態伝に関する調査～ Twitter は「情報」、Facebook は「人」』pp. 1-9.

石井彰（2011）「被災地の声を伝える継続的な放送を」『放送文化』2011年夏号、NHK 出版、pp. 49-51.

Joinson, C. (1992) Coping with compassion fatigue, *Nursing*, Vol. 22, No. 4, pp. 116-121.

Jowett, G. S. and O'Donnell, V. J. (1992) *Propaganda and Persuasion*, SAGE Publications, Inc. ジャウネット，G. S. & オドンネル，V. J.（1993）『大衆操作―宗教から戦争まで―』松尾光晏訳、ジャパンタイムズ.

金子郁容（1996）『「つながり」の大研究　電子ネットワーカーたちの阪神淡路大震災』日本放送出版協会.

亀津敦（2011）「ツイッターが震災時に果たした役割」『NRI ニュースセンター』2011年4月号、野村総合研究所、Vol. 103.

姜徳相・琴秉洞編（1963）『現代史資料(6)－関東大震災と朝鮮人』みすず書房.

香山リカ（2011）「今できることは、何もしないこと／『こころの時代』解体新書」『創』2011年5・6月号、第41巻、pp. 82-85.

川上善郎・田村和人・田畑暁生・福田充（1995）「阪神大震災とコンピュータ・ネットワーク～インターネット、ニフティサーブ等における震災情報の内容と構造」『情報研究』16号、pp. 29-54.

岸野祐（2011）「大規模災害と観光地の風評被害対策」『観光とまちづくり』2011-2012、503号、vol. 1、社団法人日本観光振興協会、pp. 22-23.

公益財団法人日本生産性本部メンタル・ヘルス研究所（2011）「東日本大震災でメンタルヘルスへの影響」日本生産性本部『労使の焦点』8月号.

Kracauer, S. (1947) "From Caligari to Hitler; A Psychological History of the German Film", Princeton University Press. N. J. クラカウアー S. (1970)『カリガリからヒトラーへ～ドイツ映画 1918-1933 における集団心理の構造分析』丸尾定訳、みすず書房.
草野厚（2011）「議論、批判する姿勢の欠けたテレビ報道」『放送文化』2011 年夏号、NHK 出版、pp. 36-39.
共同通信社（2011）『特別報道写真・解説集～いま原発で何が起きているのか』大日本印刷.
Lang, K. & Lang, G. E. (1961) *Collective Dynamics*, New York: Thomas, Y. Crowell.
Laqueur, W. (1995) *Fascism: Past, Present, Future*, Oxford University Press, Inc. ラカー, W. (1997)「ファシズム 昨日・今日・明日」柴田敬二訳、刀水書房.
Maslow, A. H. (1943) "A Theory of Human MotivationA Theory of Human Motivation", *Psychological Review*, Vol. 50, pp. 370-396.
McQuail, D. (1983) *Mass Communication Theory*, Sage Publications. マクウェール, D. (1985)「マス・コミュニケーションの理論」竹内郁郎訳、新曜社.
McQuail, D. (2005) *Mass Communication Theory* (fifth edition), Sage Publications. マクウェール, D. (2010)「マス・コミュニケーション研究」大石裕監訳、慶應義塾大学出版会.
前田正治・大江美佐里（2005）『看護技術』第 51 巻、第 11 号、メヂカルフレンド社.
真木佐知子・小西聖子（2005）「援助者のストレス（二次的外傷性ストレス）とリスク管理」『看護技術』2005 年 10 月号、第 51 巻、第 11 号、メヂカルフレンド社、pp. 15-48-51.
松井豊（2009）『惨事ストレスケア』おうふう.
丸山眞男（1957）『現代政治の思想と行動（下巻）』未來社.
メディア研究部番組研究グループ（2011）「東日本大震災発生時・テレビは何を伝えたのか」『放送研究と調査』2011 年 6 月号、日本放送出版会.
Merton, R. K. (1946) *Mass Persuasion:The Social Psychology of a War Bond Drive*, Harper & Brothers Publshers. マートン, R. K. (1973)『大衆説得 マスコミュニケーションの社会心理学』（マジョリー・フイスクとアルバータ・カーチスの援助による）柳井道夫訳、桜楓社.
Mileti, D. S. & Sorensen, J. H. (1987) Natural Hazards and Precautionary Behavior. In Weinstein, N. D. (ed.), *Taking Care: Understanding and Encouraging Self-protective Behavior*, New York: Cambridge University Press.
Mileti, D. S. & Sorensen, J. H. (1988) Planning and implementing warning systems, In Lystad, M. (ed.), *Mental health response to mass emergencies: Theory and practice*, Brunner/Mazel, pp. 321-345.
水野倫之・山崎椒行・藤原淳登（2011）「緊急解説！福島第一原発隋湖と放射線」NHK 出版新書.
森康俊・廣井脩・中森広道・福田充・関谷直也・馬越直子・金児茂（2000）「企業の地震防

災対策の現状と帰宅困難者問題」『東京大学社会情報研究所調査研究紀要』No. 14, pp. 283-354.

守島基博（2011）「仕事観、人生観～震災は人をどう変えたか」『プレジデント』2011 年 10 月 3 日号、プレジデント社、pp. 105-107.

本橋春紀（2011）「東日本大震災で発揮されたテレビとラジオの「力」」『Journalism』2011 年 4 月号、朝日新聞出版社、pp. 54-55.

中島義道（2011）「『がんばろう日本』という暴力」『新潮 45』2011 年 6 月号、pp130-137.

中森広道（2008）「被災地住民向けの広報」『シリーズ災害と社会 3　災害危機管理論入門―防災危機管理担当者のための基礎知識』第 7 章 1 節、弘文堂、pp. 178-191.

中村功（2011）「ツイッターがライフライン」『Asahi Shimbun Weekly AERA』2011 年 3 月号、朝日新聞出版、pp. 22-23.

中村功・中森広道・福田充（2012）「東日本大震災時の災害情報の伝達と住民の行動～陸前高田市・南三陸町・仙台市・名取市・山元町住民調査をもとにして」『災害情報調査研究レポート⑯』第 16 号、災害情報研究会、pp. 1-126.

中村功・関谷直也・福田充・中森広道・仲田誠・海後宗男・森康俊・地引泰人・森岡千穂（2007）「原子力関係者からみた『原子力のリスク・コミュニケーション』」『災害情報調査研究レポート』Vol. 10、東京大学・東洋大学災害情報研究会、pp. 1-154.

中村功・関谷直也・福田充・中森広道・仲田誠・海後宗男・森康俊（2006）「社会からみた原子力のリスク・コミュニケーション」『災害情報調査研究レポート』Vol. 6, pp. 1-239.

NHK 出版編（2011）「東日本大震災とメディア」『放送文化』2011 年夏号、NHK 出版、pp. 100-104.

日本放送協会放送文化研究所（2011）「東日本大震災発生時・テレビは何を伝えたのか」『放送研究と調査』2011 年 5 月号、日本放送出版会、pp. 2-7.

日本経済新聞社編（2011）「特集・原発事故で暗雲、農作物輸出シナリオ～風評被害・都道府県調査」『日経グローカル』No. 171, pp. 24-28.

日本民間放送連盟研究所（2011）「東北地方太平洋沖地震とメディア利用行動」『経営四季報 2011 春』日本民間放送連盟研究所、pp. 14-17.

西正（2011）「災害時に発揮された『メディアの真価と課題』」『日経ニューメディア』日経 BP 社、p. 13.

西田亮介（2011）「大震災のなかで真価を見せた『2 つのソーシャル』」『エコノミスト』2011 年 4 月 12 日号、毎日新聞社、pp. 36-37.

野村総合研究所（2011）「『震災に伴うメディア接触動向に関する調査」を実施～ NHK の信頼度が上昇し、ソーシャル・メディアも併存感～』野村総合研究所.

荻上チキ（2011）『検証 東日本大震災の流言・デマ』光文社新書.

大上八潮・箱田裕司（2009）「災害のフラッシュバルブメモリ－福岡県西方沖地震の例」仁

科義明『シリーズ防災を考える(2) 防災の心理学・ほんとうの安心とは何か』東信堂、pp. 135-153.
大西健丞・渋澤健「寄付金は果たして有効に使われているか」『中央公論』2011年6月号、pp. 46-53.
大重史朗(2011)「テレビ前で息苦しく、地震がないのに体揺れる 東日本大震災『テレビさせられ体験』」『AERA』2011年4月4日号、朝日新聞出版、pp. 30-31.
Perry, Jr. J. B. & Pugh, M. D. (1978) *Collective Behavior: Response to Social Stress*, St. Paul, Minnesota: West Publishing Co. ペリー, J. B. Jr. & ピュー, M. D. (1983)『集合行動論』三上俊治訳、東京創元社.
Raphael, B. (1986) *When Disaster Strikes: How Individuals and communities Cope with Catastrophe*, Basic Books. ラファエル, B. (1989)『災害の襲うとき～カタストロフィの精神医学』石丸正訳、みすず書房.
Riesman, D. (1960) *The Lonely Crowd: A study of changing American character*, Yale University Press, New Haven. リースマン, D. (1964)『孤独な群衆』加藤秀俊訳、みすず書房.
斉藤環(2011)「ツイッターは殺伐とした風景をもたらす情報ゼロの湿原装置」『日本の論点2011』文藝春秋、pp. 428-431.
佐藤剛介(2011)「東日本大震災後の生活者意識の一端を見る—オムニバス調査2011にみる震災後の首都圏生活者の意識」『AD STUDIES』Vol. 38、(公財)吉田秀雄記念事業財団、pp. 44-50.
サーベイリサーチセンター(2011)『宮城県沿岸部における被災地アンケート調査報告書』サーベイリサーチセンター.
関谷直也(2011)『風評被害～そのメカニズムを考える』光文社新書.
関谷直也(2011)「東日本大震災直後における北海道および関東以西の日本人の心理と行動について」『東日本大震災に関する調査(地震後の心理と行動)』サーベイリサーチセンター.
関谷直也(2009)「風評被害の心理」『シリーズ防災を考える2 防災の心理学 ほんとうの安心は何か』東信堂.
関谷直也(2003)「『風評被害』の社会心理—『風評被害』の実態とそのメカニズム」『災害情報』No.1、日本災害情報学会、pp. 78-89.
宣伝会議編(2011)「宣伝部長72人に緊急アンケート 3・11以降の企業の宣伝活動」『宣伝会議』2011年6月15日号、pp. 14-17.
宣伝会議編(2011)「災害直後の情報接触とメディア各社の取り組み 国内メディアは震災をどう伝えたか」『宣伝会議』2011年6月1日号、pp. 20-21.
Shapiro, L. (1972) *Totalitarianism*, The Pall Mall Press. シャピーロ, L. (1977)『全体主義』河合秀和訳、福村出版.
Shibutani, T. (1966) *Improvised News: A sociological study of rumor*, Bobbs-Merrill. シブタ

ニ，T.（1985）『流言と社会』廣井脩・橋元良明・後藤将之訳、東京創元社.
白河桃子・茅島奈緒深・朴順梨・斉島真紀子（2011）「『震災後』夫婦の闇と灯」『AERA』2011年6月6日号、朝日新聞出版、pp. 29-32.
Slovic, P.（1987）Percdption of risk, *Science*, No. 236, pp. 280-285.
Solnit, R.（2009）*A Paradise Built in Hell: The Extraordinary Communities That Arise in Disaster*, Disaster Politics. ソルニット，R.（2010）『災害ユートピア―なぜそのとき特別な共同体が立ち上るのか』高月園子訳、亜紀書房.
菅磨志保・山下祐介・渥美公秀（2008）『シリーズ災害と社会5　災害ボランティア論入門』弘文堂.
杉本誠司（2011）「震災報道番組のライブ配信　放送とネットの新しい関係性」『放送文化』2011年夏号、NHK出版、pp. 16-20.
週刊ダイヤモンド社編（2011）「News & Analysis」『週刊ダイヤモンド』2011年4月9日、99巻15号（通巻4375号）、p. 14.
平和博（2011）「東日本大震災と災害報道―大震災を通して真価が問われたネットメディアの可能性と課題」『Journalism』2011年6月号、朝日新聞出版社、pp. 34-41.
高野孟（1995）『GO EQUAKE －パソコン・ネットが伝えた阪神大震災の真実』祥伝社.
田中淳（2011）「災害情報を有効な関係な形で伝えるために」『放送文化』2011年夏号、NHK出版、pp. 40-43.
田中淳・吉井博明編（2008）『シリーズ災害と社会7～災害情報論入門』弘文堂.
津田大介（2009）『Twitter社会論―新たなリアルタイム・ウェブの潮流』洋泉社.
津田大介（2011）「震災・原発報道とネットメディア」『創』2011年7月号、創出版、pp. 76-81.
津田大介（2011）「ネットが支えたローカルな震災情報」『放送文化』2011年夏号、NHK出版、pp. 24-27.
土屋明夫（2004）「第6章社会的行動」野々村新編『こころへのアプローチ』田研出版、pp. 181-226.
Triandis, H. C.（1995）*Individualism and Collectivism*, Westview Press. トリアンディス，H. C.（2002）『個人主義と集団主義――2つのレンズを通して読み解く文化』神山貴弥・藤原武弘編訳、北大路書房.
Turner, R. H.（1976）Earthquake Prediction and Public Policy: Distillations from a National Academy of Sciences Report [1], *Mass Emergencies*, Vol. 1, pp. 179-202.
浦野正樹・大矢根淳・土屋淳二（1996）『阪神淡路大震災における災害ボランティア活動』早稲田大学社会科学研究所（研究シリーズ36号）.
山下祐介・菅磨志保（2002）『震災ボランティアの社会学　阪神淡路大震災から〈ボランティア＝NPO社会〉へ』ミネルヴァ書房.

財団法人福島経済研究所（2011）「東日本大震災被災地視察レポート〜地震・津波・原発事故・風評被害と苦闘する被災地の現況〜」『地銀協月報』2011年8月号、社団法人　全国地方銀行協会地銀調査レポート、pp. 28-31.

●新聞：
朝日新聞、2011年3月15日朝刊21面.
朝日新聞、2011年3月19日夕刊9面.
朝日新聞、2011年3月22日朝刊1面.
朝日新聞、2011年3月23日夕刊6面.
朝日新聞、2011年3月27日朝刊5面.
朝日新聞、2011年3月30日朝刊14面、32面.
朝日新聞、2011年3月31日夕刊14面.
朝日新聞、2011年4月6日朝刊3面.
朝日新聞、2011年4月7日朝刊2面.
朝日新聞、2011年4月12日朝刊29面.
朝日新聞、2011年4月20日朝刊32面.
朝日新聞、2011年5月3日朝刊23面.
朝日新聞、2011年5月4日朝刊10面.
朝日新聞、2011年5月8日朝刊32面、39面.
朝日新聞、2011年5月15日朝刊35面、38面.
朝日新聞、2011年5月20日 朝刊17面.
朝日新聞、2011年5月28日朝刊27面.
朝日新聞、2011年5月31日朝刊2面、38面.
朝日新聞、2011年5月31日夕刊7面、11面.
朝日新聞、2011年6月1日夕刊9面.
朝日新聞、2011年6月2日朝刊7面.
朝日新聞、2011年6月6日朝刊29面.
朝日新聞、2011年6月7日朝刊9面、29面.
朝日新聞、2011年6月8日朝刊28面.
朝日新聞、2011年6月9日朝刊28面.
朝日新聞、2011年6月10日朝刊27面、29面、38面.
朝日新聞、2011年6月11日朝刊39面.
朝日新聞、2011年8月12日朝刊3面.
朝日新聞、2011年8月25日朝刊39面.
朝日新聞、2011年9月25日朝刊39面.

参考文献

朝日新聞、2011年9月27日夕刊11面.
朝日新聞、2011年11月26日朝刊19面.
中日新聞、2011年3月27日朝刊25面.
毎日新聞、2011年1月18日朝刊1面.
毎日新聞、2011年3月26日朝刊3面.
毎日新聞、2011年4月2日朝刊11面.
毎日新聞、2011年4月15日朝刊3面.
毎日新聞、2011年4月20日夕刊11面.
毎日新聞、2011年5月5日朝刊10面.
毎日新聞、2011年7月23日朝刊3面.
毎日新聞、2011年8月12日朝刊10面.
毎日新聞、2011年10月23日朝刊26面.
毎日新聞、2011年10月24日朝刊3面.
毎日新聞、2011年11月19日朝刊14面.
日本経済新聞、2011年3月19日朝刊7面.
日本経済新聞、2011年3月17日夕刊12面.
日本経済新聞、2011年3月21日朝刊20面.
日本経済新聞、2011年4月25日朝刊38面.
日本経済新聞、2011年5月28日朝刊32面.
産経新聞、2011年3月16日朝刊14面.
産経新聞、2011年3月30日朝刊1面.
産経新聞、2011年4月10日朝刊23面.
読売新聞、2011年3月16日朝刊30面.
読売新聞、2011年4月21日夕刊1面.
読売新聞、2011年6月5日朝刊31面.
読売新聞、2011年8月8日朝刊29面.
読売新聞、2011年8月17日朝刊31面.
デイリースポーツ、2011年6月7日9面.
日刊スポーツ、2011年3月31日16面.
日刊スポーツ、2011年4月3日22面.
日刊スポーツ、2011年4月7日18面.
サンケイスポーツ、2011年3月27日17面.
サンケイスポーツ、2011年4月2日1面.
サンケイスポーツ、2011年5月12日7面.
サンケイスポーツ、2011年6月11日7面.

スポーツ報知、2011年5月11日4面.

●雑誌：
『ニューズウィーク』2011年3月30日号.
『宣伝会議』2011年5月1日号、通巻812号、宣伝会議.
『宣伝会議』2011年6月1日号、通巻814号、宣伝会議.
『週刊東洋経済』2011年4月30日－5月7日号、通巻6323号、東洋経済新報社.

●ウェブサイト：
asahi.com（2011年5月15日）「震災後、増える結婚相談　指輪売れ行きも増」
　　http://www.asahi.com/national/update/0514/OSK201105140084.html
CM総合研究所「CM高感度ランキング」http://www.cmdb.jp/ranking/index.php
コスモ石油ホームページ　http://www.cosmo-oil.co.jp/index.html
デルフィス（2010）「エシカル実態調査」
　　http://www.delphys.co.jp/service_menu/report/201003_05.pdf
電通総研（2011）「震災後一ヵ月後の生活者意識」
　　http://www.dentsu.co.jp/news/release/2011/pdf/2011040-0427.pdf
復興の狼煙ポスタープロジェクト　http://fukkou-noroshi.jp/
フジテレビ　http://www.fujitv.co.jp/japan/
外務省ホームページ「諸外国等からの物資支援・寄付金一覧」
　　http://www.mofa.go.jp/mofaj/saigai/pdfs/bussisien.pdf
外務省ホームページ「諸外国からの支援に対する総理メッセージ」
　　http://www.kantei.go.jp/jp/kan/statement/201103/22message.html
外務省ホームページ「東日本大震災に係る米軍による支援（トモダチ作戦）」
　　http://www.mofa.go.jp/mofaj/saigai/pdfs/operation_tomodachi.pdf
Google Crisis Response
　　http://www.google.com/intl/ja/crisisresponse/japanquake2011.html
猪苗代湖ズ『I love you & I need you ふくしま』http://www.inawashirokos.jp/
博報堂生活総研研究所（2011）「Life After 3.11　時系列調査に見る価値観変化と生活進路」
　　http://www.hakuhodo.co.jp/pdf/2011/20110822.pdf
本田圭祐オフィシャルウェブサイト　http://www.keisuke-honda.com/
ジャパン・マーケティング・エージェンシー（2011）「2011年3月24日～25日実施　震災
　　後生活意識調査」http://www.jma-net.com/files/shinsai02.pdf
経済産業省『経済産業省エネルギー白書2010』
　　（http://www.enecho.meti.go.jp/topics/hakusho/2010/2.pdf）

参考文献

マクロミル（2011）「東日本大震災（東北地方太平洋沖地震）にともなう生活支援に関するチャリティー・アンケート」
http://monitor.macromill.com/researchdata/20110316shinsai/20110316shinsai.pdf
内閣府（2011）「国民生活に関する世論調査（平成 23 年 10 月）」
http://www8.cao.go.jp/survey/h23/h23-life/index.html
日本フランチャイズチェーン協会「JFA コンビニエンスストア統計調査月報 2011 年 3 月度」
http://www.jfa-fc.or.jp/misc/static/pdf/cvs_2011_3.pdf
日本赤十字社（最終更新 2011 年 12 月 14 日）「義捐金受付・送付状況」
http://www.jrc.or.jp/contribution/l3/Vcms3_00002096.html
野村総合研究所「第 6 回提言家庭における節電対策の推進」
http://www.nri.co.jp/opinion/r_report/pdf/201104_fukkou6.pdf
Sankei Biz（2011 年 4 月 21 日）「震災で買いだめ、7.7％増／3 月コンビニ売上高 6465 億円。」
http://www.sankeibiz.jp/business/news/110421/bsd1104210504603-n1.htm
社会福祉法人全国社会福祉協議会 http://www.shakyo.or.jp/saigai/touhokuzisin.html
社会福祉法人全国社会福祉協議会（2011 年 11 月 7 日更新）
「全社協 被災地支援・災害ボランティア情報」http://www.saigaivc.com/
消費者庁（2011）「資料 1 食料、ガソリンなどの生活関連物資の品薄状態について」『消費者庁 平成 23 年 4 月 4 日 物価担当官会議』
http://www.caa.go.jp/jisin/pdf/110404siryou1.pdf
所沢市
http://www.city.tokorozawa.saitama.jp
東京電力「地震及び津波の発生と事故の概要」
http://www.tepco.co.jp/nu/f1-np/intro/outline/photo-j.html
東京電力「福島第一原子力発電事故」
http://www.jaero.or.jp/data/02topic/fukushima/summary/index.html
凸版印刷消費行動研究室（2011）「東日本大震災の影響に関する意識調査 第 2 号」
http://biz.toppan.co.jp/mrl/report/insights/_2_1.html
USFJ（在日米軍公式ホームページ）：http://www.usfj.mil/

※ウェブサイトの URL はすべて 2012 年 3 月 1 日現在 確認済。

〈事項索引〉

ア 行

IBC岩手放送　22, 31
IBC山田災害臨時ラジオ　22
朝日新聞　52, 53, 65, 71～74, 78, 79, 81, 98, 99, 101, 115, 119, 127～129
安否情報　21～24, 38, 54～56, 90, 153
石巻日日新聞　21
茨城県JCO臨界事故　113, 116, 121, 122, 131, 156
いわき市民コミュニティ放送　22
岩手朝日テレビ　31
岩手日報　21, 54
インターネット　11, 14, 15, 19, 20, 33, 34, 54, 55, 57, 58, 60, 75, 76, 89, 90, 105～107, 111, 154
浦河沖地震　111
うわさ　9, 90, 96, 97, 104, 105, 108～113, 152
ACジャパン　42～45, 50～53, 134
Au　19
エコ　145
SNS　19, 20, 33, 34, 54, 57～59, 106, 110, 154
NHK　14, 15, 21, 30～33, 36, 38, 115
NHK教育放送（テレビ）　32, 38, 54
NTT　24
FM One　22
奥州エフエム　22
大津波警報　7, 11～15, 25, 26, 30, 114, 151, 157
オーディエンス　9, 38, 116, 118, 121, 128, 151, 153
おおふなとさいがいエフエム　22
屋内退避　115

カ 行

買いだめ　8, 9, 64, 91～96, 137～141, 144, 152
買い控え　43, 69, 70, 97, 101, 103, 104
カイワレ騒動　130
河北新報　21

関東大震災　107, 111
義援金　46, 68～72, 75, 84, 86, 87
危機管理　27, 82, 90, 98, 116, 157, 158
気象庁　11, 30
帰宅困難者　6, 56, 152, 153
キャンペーン　42, 45～48, 79, 85, 140, 141
共感疲労　124～126, 135, 152
緊急地震速報　27, 30
緊急避難準備区域　115, 116
グーグル　19, 24, 54
グーグル・クライシス・レスポンス　54
グーグル・パーソン・ファインダー　19, 24, 54
クールビズ　75, 79, 81
クライシス・コミュニケーション　12, 16, 18, 27, 116, 151, 155
クライシス・リテラシー　27
警戒区域　115, 117
計画停電　60, 76～78, 94, 98, 152
計画的避難区域　115
経験の逆機能　16, 17
携帯　20
携帯電話　12, 15, 19, 20, 29, 33, 34, 55, 56, 77, 89, 151
KDDI　81
けせんぬまさいがいエフエム　22
原子力安全・保安院　116～118
原子力災害対策特別措置法　114
原子力発電　118, 121～123
原子力発電所　62, 63, 75, 107, 119, 120, 122
原発　61, 114, 117, 122～124
原爆災害　108
県民差別　8, 130, 132, 137～141, 146
洪水　154
個人主義　141, 144, 146～148
コミュニティFM　20, 22, 27, 152, 154

サ 行

災害警報　153, 154
災害弱者　18

176　事項索引

災害情報　7, 9, 12, 13, 15, 21, 22, 24, 36, 39, 40, 56, 90, 128, 153〜155
災害対策基本法　82, 115, 153
災害報道　21, 41, 42, 124, 153
災害ボランティア　8, 88〜90, 120
災害ユートピア　68, 147〜149
災害用伝言ダイヤル171　24, 54
雑誌　29, 30, 33, 124
サマータイム　78
産経新聞　93, 106, 107
サンケイスポーツ　74
惨事ストレス　120, 121, 124
CM　43, 45, 53, 134
支援　8, 9, 42, 45, 54〜56, 68〜70, 72, 73, 75, 80〜87, 89, 100, 101, 106, 133, 140, 141, 143, 144, 146, 150
支援意識　8〜10, 53, 65, 67, 68〜70, 135〜140, 147〜149
自粛　8, 81, 82, 98〜104, 134, 137〜140, 143, 145
地震　6, 7, 11〜14, 16〜18, 20, 22, 23, 26, 28, 31, 58〜61, 87, 93〜96, 98, 104, 106, 109〜111, 114, 126, 151, 152, 154
ジャーナリズム　118, 126
集団主義　142
情報ニーズ　7, 22〜24, 137, 152〜154
情報ボランティア　89
震災　6〜9, 16, 19, 22, 24, 30, 31, 42〜46, 51, 52, 54, 55, 59〜61, 63, 65〜71, 73, 74, 79〜81, 83, 87〜89, 91〜94, 97〜103, 105〜108, 110, 125〜127, 129, 133〜138, 140, 142, 143, 147, 148, 150, 158
新聞　18, 20, 29, 30, 33, 34, 39, 45, 47, 54, 55, 60, 70, 75, 76, 118, 124, 128, 153, 154
ストレス　120, 121, 124, 126
SPEEDI　117
スマートフォン　12, 19, 151, 154, 155
スリーマイル島原発事故　114
生活情報　22, 155, 157
正常化の偏見　16, 17
節電　8, 10, 43, 51, 68〜70, 75, 76, 78〜82, 100, 134, 135, 137〜141, 143〜145, 152
節約　8, 137〜139, 143
センセーショナリズム　38, 39, 152

仙台シティエフエム　22
全体主義　141〜144, 146〜148
仙台放送　31
ソーシャル・メディア　19, 36, 54, 55, 57〜59, 106, 154
ソフトバンク　19, 44, 51, 52

タ　行

大震災　6〜10, 26, 27, 29, 31, 42, 56, 66〜68, 79, 85, 87, 90, 98, 104, 107, 111〜113, 140, 141, 143〜146, 150〜154, 157
第二次世界大戦　48, 49
太平洋戦争　108
団結意識　8〜10, 135〜141, 143, 146〜149
地域防災計画　11, 24, 26, 153
チェルノブイリ原発事故　114, 121, 130
地方紙　54, 152
チャリティ　71, 73〜75
チャリティ・イベント　43, 46, 51, 73
チャリティ活動　9, 10, 69〜72, 74, 75, 152
チャリティ・ソング　43, 74
チャリティ・マッチ　43, 46, 71, 72
中日新聞　72
チリ地震津波　13
Twitter　19, 33, 35, 54〜59, 105, 106, 108, 110, 154
津波　6, 7, 11〜18, 22〜28, 30〜32, 38, 44, 61, 87, 104, 106, 114, 124, 126, 133, 151, 154
津波てんでんこ　17
停電　12, 15, 18, 19, 21, 22, 63, 64, 76〜78, 94〜96, 151
TBS　30〜32
デイリースポーツ　72
デジタル・デバイド　59
デマ　56, 57, 105〜108, 110〜113
デルフィス　85
テレビ　9, 11, 12, 14, 15, 19, 20, 29, 30, 33, 34, 38, 39, 42, 43, 45, 47, 54, 55, 59, 60, 68, 70, 71, 75, 76, 118, 124, 125, 141, 142, 151, 153, 154
テレビ朝日　30〜32, 130
テレビ岩手　31
テレビCM　42〜44, 50〜52, 134, 135
テレビ東京　30, 32

事項索引

テレビ報道　8, 13, 30, 31, 33〜35, 37, 38, 40, 42, 117, 118, 128, 133〜136, 140, 143, 152, 156
テレビユー福島　31
テロ　28, 120, 121, 123, 125
電通　85
電話　19, 110, 111, 151
東海地震　158
東京直下型地震　158
東京電力　76, 116〜119
同調圧力　135, 145, 146
東南海地震　158
東北地方太平洋沖地震　6, 46, 74
東北放送　22, 31
十勝沖地震　156
所沢ダイオキシン騒動　130
土砂災害　26
ドコモ　19
トモダチ作戦　87
豊岡市豪雨水害　156
鳥インフルエンザ　131

ナ 行

内閣府　11, 80, 81
長野県西部地震　111
ナショナリズム　141, 148, 149
那須集中豪雨災害　156
ナチスドイツ　49
ナホトカ号重油流出事故　130
南海地震　158
新潟県中越地震　25, 89, 131, 153, 156
新潟・福島集中豪雨災害　156
日刊スポーツ　71, 73
ニフティサーブ　90
日本テレビ　30〜33, 43, 44

ハ 行

博報堂　85
ハザードマップ　26, 27, 153, 154
パソコン　12, 15, 19, 20, 29, 77, 85, 151
八幡平土石流災害　156
発表ジャーナリズム　40, 118
パニック　97, 137
パブリック・ディプロマシー　118

阪神淡路大震災　7, 22, 39, 41, 42, 54, 69, 82, 88〜90, 107, 111, 153, 154, 156
BSE 問題　130
被害情報　22, 42, 90, 157
東日本大震災　6〜10, 12, 18, 21〜30, 32, 35, 36, 38, 39, 41〜44, 46, 48, 50, 52, 54〜58, 60, 65, 67, 68, 70, 72, 74, 75, 82, 83, 86〜88, 91〜93, 97, 101, 104〜106, 108, 111, 113, 124〜127, 130〜134, 136, 140, 141, 143, 144, 150〜155, 157, 158
東日本放送　31
被災者　6〜9, 12, 14〜17, 19〜24, 27, 46, 51, 53〜55, 60, 68〜70, 72, 74, 75, 82, 84, 85, 88〜90, 98, 100, 107, 111, 120, 125, 126, 130, 133〜135, 139, 140, 152, 153, 155, 157, 158
被災地　7〜10, 12, 18, 19, 21, 22, 27, 42, 44〜46, 52, 53, 55, 63, 64, 68, 69, 71〜75, 80〜82, 84, 85, 87〜89, 100, 101, 107, 111, 121, 124〜126, 128〜133, 136, 140, 141, 143, 150〜153, 156〜158
避難　13, 14, 16〜18, 25, 26, 30, 83, 118, 130, 132
避難訓練　27, 153, 154
避難行動　7, 14〜18, 151, 153, 157
避難指示　114〜117, 154
避難所　7, 12, 18〜21, 24, 26, 27, 88, 89, 152, 155
避難生活　20
ファースト・レスポンダー　82, 120
不安　8, 39, 61〜65, 94〜97, 104, 108, 119〜124, 127, 128, 135〜138, 140, 141
風評　8, 80, 81, 127, 137〜141, 146
風評被害　9, 10, 64, 101, 118, 119, 126〜132, 152〜155
Facebook　19, 54, 57〜59, 106, 110, 154
福岡県西方沖地震　89, 156
複合災害　6〜8, 113
福島第一原発事故　6, 32, 35, 38, 62, 87, 94, 101, 107, 113〜115, 117, 119〜121, 124, 126, 127, 130, 133, 134, 157, 158
福島中央テレビ　31
福島放送　31
福島民報　21

178　事項索引

福田充研究室　　8, 9, 12, 20, 29, 33, 34, 36, 50,
　　51, 53, 56, 57, 60～62, 66～70, 74, 75, 79
　　～81, 88, 93, 94, 103, 109, 110, 119, 120,
　　125, 126, 131～134, 137～149, 158
フジテレビ　　30, 32, 43～45
ブログ　　110, 111
プロパガンダ　　49
防災行政無線　　11～15, 25, 27, 34, 151, 154
防災訓練　　153, 154
防災無線　　20
放射性物質　　34, 35, 57, 63, 107～110, 114,
　　117, 119～121, 127, 128, 130, 132, 134
放射線　　121, 127
放射線ストレス　　64, 113, 119, 121, 152
募金　　8, 45, 54, 55, 68～71, 74, 75, 87, 137～
　　141, 143, 145, 152
ボランティア　　55, 68～70, 74, 82, 88～90
ボランティア活動　　9, 10, 19, 54, 68, 69, 75,
　　80, 88, 89, 152
ボランティア情報　　54

マ　行

毎日新聞　　53, 76, 116, 117, 129
mixi　　54
宮城県北部地震　　89
宮城テレビ　　31
三宅島噴火災害　　89
メール　　15, 19, 20, 55, 57, 105～107, 109～
　　111, 151
メディア　　7～15, 18, 20, 21, 24, 27, 29, 33, 34,
　　38～40, 43, 45, 47～50, 55, 59～61, 70, 75,
　　76, 79, 82, 89, 96, 99, 104, 113, 114, 116～
　　118, 121, 125～127, 130, 131, 133, 134,
　　136, 140, 141, 145, 150～155, 157
メディア・イベント　　50, 153
メディア・キャンペーン　　8～10, 42～44, 46
　　～53, 76, 133, 135, 136, 140, 141, 143, 147,
　　150, 152, 153
メディアスクラム　　38, 39
メディア接触　　141, 143, 146, 147, 149
メディア報道　　8～10, 60, 61, 76, 93, 96～98,
　　100, 104, 114～116, 118～121, 124～126,
　　128, 129, 131, 133, 140, 141, 152, 157
メディア・リテラシー　　59, 111

ヤ　行

Yahoo! Japan　　54
Ustream　　22
YouTube　　54, 154
読売新聞　　78, 79, 93, 128, 130
讀賣テレビ　　30

ラ　行

ライフライン　　6
ラジオ　　9, 11, 13～15, 18, 20～22, 29, 30, 33,
　　34, 45, 48, 49, 151, 152, 154
ラジオ石巻　　22
ラジオ NIKKEI　　22
ラジオ福島　　22
リスク　　62, 75
リスク・コミュニケーション　　27, 118, 128,
　　131, 132, 137, 154～156
リスク・リテラシー　　118
流言　　9, 90, 96, 104～111, 152

〈人名索引〉

あ行

浅田真央　72
安藤優子　31
イチロー　71, 72
伊藤和明　156
稲垣吾朗　45
植村花菜　74
枝野幸男　116, 128
大上八潮・箱田裕司　125
小笠原満男　73
荻上チキ　107
オルポート，G. W. とポストマン，L.　112

か行

加藤宏暉　25
香取慎吾　45
金子郁容　89
香山リカ　125
川上善郎　19, 54, 89, 90
姜徳相・琴秉洞　111
菅直人　44, 82, 87, 90, 114～116, 127, 130
木村拓哉　45
木村拓郎　31
草彅剛　45
草野厚　39
クラカウアー，S.　49
桑田圭祐　73
郡司嘉宣　31
ゲッベルス，J.　49
小塚崇彦　72
今野泰幸　73

さ行

斉藤環　56
坂本九　43
佐藤剛介　67
シブタニ，T.　112
島崎邦彦　31
ジャウエット，G. S. とオドンネル，V. J.　49
ショインソン，C.　125
菅磨志保　90
スミス，K.　48
関谷直也　127, 131, 156
ソルニット，R.　68, 147

た行

ターナー，R. H.　16
平和博　55
田中淳　41, 157
田村和人　160
ダヤーン，D とカッツ，S.　50
津田大介　56
土屋明夫　145
ドゥダシク，S. W.　7, 159
トータス松本　45
トリアンディス，H. C.　143, 146

な行

中居正広　45
中島義道　53, 147
中村功　7, 13, 14, 20, 23, 122, 156, 159
中森広道　7, 13, 14, 20, 23, 55, 156, 159
野田正彰　53

は行

橋元良明　111, 113, 156
ヒトラー，A.　49
廣井修　16, 24, 25, 33, 39～41, 111, 112, 122, 131, 156
フィグリー，C. R.　125
福田充　7～9, 12, 14, 19, 20, 23, 24, 27, 34, 36, 39, 50, 53, 54, 57, 60～62, 67, 70, 74, 75, 81, 83, 88, 90, 93, 103, 109, 119, 123, 131, 133, 137, 138, 141～144, 148, 152, 158～160
福山雅治　73
藤井フミヤ　74
藤岡考志　125
藤代裕之　57

ブラウン, R. とカリック, J.　125
古館伊知郎　31
ペリー, J. B. とピュー, M. D.　97
干川剛史　89
堀北真希　43
本田圭佑　71, 72

ま 行

マートン, R. K.　48
真木佐知子・小西聖子　125
マクウェール, D.　47
マズロー, A. H.　96
松井秀喜　71, 72
松井豊　120
松坂大輔　71, 72
丸山眞男　149
三浦和良　71
宮沢りえ　43
ミレッティ, D. S. とソレンセン, J. H.　18
村山富市　41, 82

本橋美紀　38
守島基博　67

や 行

矢沢永吉　43
山下祐介　88
吉井博明　157

ら 行

ラカー, W.　49
ラング夫妻　97
リースマン, D.　96
リーフェンシュタール, L.　50
ルース, J.　87
ルーズベルト, F.　48

わ 行

渡辺敬夫　160
渡辺美里　74

〈編者紹介〉

福田　充（ふくだ　みつる）

　日本大学危機管理学部教授
　日本大学大学院新聞学研究科教授
　博士（政治学）

（略歴）
1969 年　兵庫県西宮市に生まれる
1992 年　上智大学文学部新聞学科卒業
1995 年　東京大学大学院社会学研究科社会情報学専攻修了（社会学修士）
1999 年　東京大学大学院人文社会系研究科社会文化研究専攻博士課程単位
　　　　取得退学
1999 年　常磐大学人間科学部コミュニケーション学科　専任講師
2002 年　日本大学法学部　専任講師
2005 年　日本大学法学部　助教授
2008 年　コロンビア大学　戦争と平和研究所　客員研究員
2010 年　日本大学法学部　教授
　他にも、内閣府内閣官房委員会委員、埼玉県「危機・防災懇話会」委員などを歴任。専門分野は、メディア論、災害情報論、テロ対策、危機管理、リスク・コミュニケーション論など。

（主要著作）
『リスク・コミュニケーションとメディア』北樹出版、2010 年
『テロとインテリジェンス』慶應義塾大学出版会、2010 年
『メディアとテロリズム』新潮新書、2009 年
『大震災・原発とメディアの役割』（共著）公益財団法人新聞通信調査会、
　2013 年
『リスクの社会心理学』（共著）有斐閣、2012 年
『テレビニュースの世界像』（共著）勁草書房、2007 年
『テロ対策入門』（共著）亜紀書房、2006 年
『変容するメディアとニュース報道』（共著）丸善、2001 年
『映像メディアの展開と社会心理』（共著）北樹出版、1999 年

執筆者一覧

大貫　仁史（おおぬき　ひとし）

1989年、千葉県生まれ。日本大学法学部新聞学科卒業。
福田充ゼミナール出身。研究テーマ：テレビドラマの効果論。

佐久間星和（さくま　せいや）

1987年、神奈川県生まれ。日本大学法学部新聞学科卒業。
福田充ゼミナール出身。研究テーマ：インターネット世論と公共性。

佐野　志帆（さの　しほ）

1990年、宮城県生まれ。日本大学法学部新聞学科卒業。
福田充ゼミナール出身。研究テーマ：メディアと少女の化粧行動。

手束　千鶴（てづか　ちづる）

1990年、大阪府生まれ。日本大学法学部新聞学科卒業。
福田充ゼミナール出身。研究テーマ：東日本大震災時のメディア利用。

中村圭奈絵（なかむら　かなえ）

1990年、神奈川県生まれ。日本大学法学部新聞学科卒業。
福田充ゼミナール出身。研究テーマ：デジタルネイティブのメディア利用。

福島　智美（ふくしま　さとみ）

1990年、埼玉県生まれ。日本大学法学部新聞学科卒業。
福田充ゼミナール出身。研究テーマ：メディアと食生活。

光野ゆかり（みつの　ゆかり）

1990年、東京都生まれ。日本大学法学部新聞学科卒業。
福田充ゼミナール出身。研究テーマ：音楽イベントのオーディエンス研究。

大震災とメディア──東日本大震災の教訓

2012 年 4 月 20 日　初版第 1 刷発行
2023 年 5 月 1 日　初版第 6 刷発行

　　　　　　　　　　　　　編著者　福　田　　　充
　　　　　　　　　　　　　発行者　木　村　慎　也

・定価はカバーに表示　　　印刷　新灯印刷／製本　新里製本

発行所　株式会社 北樹出版
URL:http://www.hokuju.jp
〒153-0061　東京都目黒区中目黒1-2-6
電話(03)3715-1525(代表)　FAX(03)5720-1488

Ⓒ Mitsuru Fukuda 2012, Printed in Japan　ISBN 978-4-7793-0332-6
(落丁・乱丁の場合はお取り替えします)